Stefanie Schmidt
Barf einfach
– Welpen füttern

AF237512

Mit einem Welpen als neuem Familienmitglied zieht gleichzeitig jede Menge Verantwortung ein.

Was braucht der Welpe um gesund und glücklich aufzuwachsen?

Bei der Ernährung gehen immer mehr Hundehalter dazu über, selbst Verantwortung zu übernehmen und das Futter für ihre Hunde selbst zusammen zu stellen.

Barf wird immer beliebter, weil es individuell anpassbar und frei von künstlichen Zusatzstoffen ist. Es ist eine sehr natürliche Fütterungsart für unsere Hunde.

Aber wie ist es bei Welpen?

Kann man auch Welpen schon barfen und selbst für ein ausgewogenes, bedarfsdeckendes und obendrein leckeres Futter sorgen?

Ja man kann!

Dieses Buch gibt einen Überblick über alle wichtigen Futterkomponenten, die Besonderheiten beim Barfen von Welpen sowie Tipps und Ratschläge für die Erstellung eines individuellen Futterplans für Welpen und Junghunde.

Individuelles Barfen macht Spaß.

Die Belohnung sind glückliche und gut versorgte Hunde.

Stefanie Schmidt

Barf einfach

-Welpen füttern

Bibliografische Information der Deutschen Nationalbibliothek:
Die Deutsche Nationalbibliothek verzeichnet diese Publikation in der Deutschen
Nationalbibliografie; detaillierte bibliografische Daten sind im Internet über
dnb.dnb.de abrufbar.

©2020 Stefanie Schmidt
Herstellung und Verlag: BoD – Books on Demand, Norderstedt

1. Auflage

ISBN 9783752607697

Inhaltsverzeichnis

1. Vorwort

Barfen wird unter Hundehaltern immer beliebter.

Der Wunsch, den eigenen Hund möglichst gesund und artgerecht zu ernähren und alles dafür zu tun, dass das vierbeinige Familienmitglied lange gesund bleibt sorgt dafür, das wir uns genauer mit der Ernährung unserer Haustiere beschäftigen.

Wenn ein junger Welpe einzieht sind alle Hundehalter bestrebt dafür zu sorgen, das es dem neuen Familienmitglied an nichts fehlt. Das es glücklich und gesund aufwachsen kann. Für beides sind wir Menschen verantwortlich, schließlich sind die Hundekinder von nun an voll auf uns angewiesen.
Der Wunsch, den Hund mit dem besten Futter zu versorgen, damit der Welpe möglichst gesund aufwächst, führt dazu, dass sich immer mehr Hundehalter genauer mit dem Thema Ernährung auseinander setzen und nach der besten und gesündesten Futtermethode suchen.

Inhaltsstoffe des Hundefutters werden kritisch hinterfragt. Das Futter soll getreidefrei, zuckerfrei und frei von Geschmacksverstärkern sein.

Immer mehr Menschen beschäftigen sich deshalb mit dem Barfen und entscheiden sich dafür, das Futter für ihren eigenen Hund aus einzelnen für den Hund notwendigen Futterkomponenten selbst zusammenzustellen.

Wer sich intensiver mit dem Thema Barfen von Hunden auseinandersetzt, wird sich automatisch mit dem Nährstoffbedarf seines Hundes sowie Inhaltsstoffen der verschiedenen Futterkomponenten auseinandersetzen.

Für Einsteiger scheint das selbst zusammenstellen des Futters schnell wie eine hochkomplexe Wissenschaft, die man möglicherweise doch besser den Profis, den Tierärzten und Hundeernährungsberatern, überlässt.

1

Die Angst davor, etwas falsch zu machen und dem eigenen Hund durch die Fütterung zu schaden, halten viele Hundehalter davon ab, ihre Hunde auf Barf umzustellen.

Gerade bei Welpen wird immer wieder davon abgeraten zu barfen. Es wird vor Mangelernährung durch falsche Fütterung gewarnt. Vor Parasitenbefall und es wird immer wieder betont, dass der Welpe bei selbst zusammengestelltem rohem Futter nicht mit allen notwendigen Nährstoffen versorgt würde, die er für ein gesundes Wachstum benötigt. Ziemlich beängstigend. Keiner möchte seinen Welpen einer solchen Gefahr aussetzen.

Dabei ist Barfen kein Hexenwerk und mit den richtigen Grundlagen kann jeder Hundehalter das Futter für seinen gesunden Hund selbst planen und zusammenstellen.

Auch für einen Welpen.

In meinem ersten Buch "Barf einfach – Anleitung zum Hunde füttern" habe ich alle Grundlagen, die man für das Barfen benötigt, zusammengestellt. Ich wollte allen interessierten Hundehaltern eine einfache Anleitung an die Hand geben, mit der sie sich einen Überblick verschaffen und einen Einstieg in die Rohfütterung finden können.

Im Laufe der letzten beiden Jahre ist ein weiteres Thema immer wieder in meinen Fokus gerückt:

Das Barfen von Welpen

Gerade Welpenbesitzer sehen sich oft einer Vielzahl von Kritikern gegenüber, wenn sie ihre Welpen barfen möchten.

Züchter, die einem den Welpen möglicherweise deshalb nicht geben möchten.

Tierärzte, die Horrogeschichten von deformierten Knochen, Mangelernährung und Nährstoffdefiziten zu erzählen haben.

Hundetrainer, die von Verhaltenausfälligkeiten durch das Barfen berichten.

Und natürlich eine Vielzahl anderer Hundebesitzer, die schlechtes über gebarfte Welpen zu berichten haben.

Diese negative Front verunsichert, macht Angst und sorgt nicht selten dafür, das die frisch gebackenen Hundeeltern dann doch lieber wieder zum Fertigfutter greifen um sicherzustellen, das es ihrem Welpen an nichts fehlt.

Aber ist es wirklich so schwierig, Welpen ausgewogen zu barfen? Kann man die Nährstoffversorgung sicherstellen, ohne dafür Tiermedizin studiert zu haben?

Ja man kann!

Wie das geht und worauf man speziell beim Barfen von Welpen achten muss, darum soll es in diesem Buch gehen.

Ich möchte alle interessierten Hundehalter ermutigen, sich an das Barfen von Welpen heranzutrauen und ihnen in diesem Buch alle wichtigen Grundlagen einfach und verständlich näherbringen.

Kleine Anmerkung:

Wie bereits in dem Buch "Barf einfach – Anleitung zum Hunde füttern", beschreibe ich auch in "Barf einfach – Welpen füttern" die Fütterung gesunder Hunde.

Bei kranken Welpen, die eine spezielle Ernährung benötigen, müssen unter Umständen weitere Punkte in der Fütterung bedacht werden.

Auch bei kranken Welpen und Junghunden ist es möglich, zu barfen. Allerdings rate ich in diesem Fall dringend dazu, sich dabei Hilfe von einem erfahrenen Hundeernährungsberater zu holen.

2. Was ist Barfen?

Die Abkürzung B.A.R.F. stammt aus der englischen Sprache. Nach einigen Bedeutungswechsel steht es heute zumeist als "biological approptiate raw food". Auch "bones and raw food" wird mit diesem Begriff abgekürzt.

Im deutschen wird B.A.R.F. mit "biologisch artgerechte rohe Fütterung" übersetzt. Aus dem ursprünglichen "B.A.R.F" hat sich im deutschen Sprachgebrauch außerdem die vereinfachtes Variante "Barf", sowie die Ableitung "barfen" entwickelt.

Das Futter soll dabei möglichst natürlich sein und es wird roh gefüttert. Dabei ist, entgegen weit verbeiteter Meinung, das Füttern von rohem Fleisch nicht automatisch B.A.R.F..

Es gibt inzwischen verschiedenste Rohfütterungsmodelle. Barf ist eins davon, das sich großer Beliebtheit erfreut. Eines der bekanntesten Modelle neben Barf ist wohl die Fütterung nach Prey.

Je nachdem, für welches Modell der Fütterung man sich entscheidet, gibt es verschiedene Grundlagen. Die Futterzusammensetzung unterscheidet sich und es müssen entsprechend andere Zusätze zugegeben werden um den Nährstoffbedarf der Hunde zu decken, sie also mit allem zu versorgen, was sie für ein gesundes Hundeleben benötigen.

Barf orientiert sich am Beutetier und am Bedarf des Hundes. Das Futter wird aus verschiedenen einzelnen Futterkomponenten zusammengesetzt. Diese Zusammensetzung orientiert sich erst einmal am Schema von Beutetieren. Darüber hinaus soll durch die genaue Aufteilung der einzelnen Futterkomponenten, sowie die Zugabe einzelner ausgewählter Zusätze, die bestmögliche Nährstoffversorgung des Hundes sichergestellt werden.

Es gibt verschiedene Möglichkeiten, um den Nährstoffbedarf der Hunde zu decken. Entsprechend gibt es auch beim Barfen verschiedene Ansätze, die sich in der Aufteilung der Futterkomponenten leicht unterscheiden.

Ich werde in den nächsten Kapiteln die Aufteilung vorstellen, nach der ich füttere. Geprägt wurde diese Futteraufteilung von Swanie Simon, eine der Vorreiterinnen wenn es um das Thema Barf bei Hunden geht.

In einzelnen Punkten weicht die vorgestellte Fütterungsweise von der Aufteilung nach Swanie Simon ab, hat sich aber im Laufe der Zeit sehr weit verbreitet und wird in dieser und ähnlichen Formen von vielen Hundehaltern umgesetzt.

Leicht andere Aufteilungen müssen deshalb nicht zwingend falsch sein. Wichtig ist, darauf zu achten, das die Hunde alle Nährstoffe, Vitamine und Mineralien über das Futter erhalten und es gleichzeitig nicht zu einer Überversorgung kommt. Die Aufteilung, die du in den nächsten Kapiteln kennen lernen wirst, erfüllt diese Voraussetzungen.

3. Kann man Welpen einfach barfen?

Gerade das Barfen von Welpen wird sehr kontrovers diskutiert.

Viele raten davon ab. Tierärzte warnen vor Mangelversorgung und schlechter Entwicklung. Immer wieder hört man, das man Hunde frühestens mit einem Jahr barfen sollte. Die Begründung hierfür ist, dass man es nicht schaffen könne, den Welpen durch selbst zubereitetes Futter mit allem Notwendigen zu versorgen, um ihn gesund heranwachsen zu lassen.

Auch unter Barfern, die ihre erwachsenen Hunde ganz entspannt füttern und das Futter teilweise schon jahrelang selbst zusammenstellen gibt es viele, die davon abraten Welpen zu barfen. Oder die der Meinung sind, das für das Barfen von Welpen zwingend ein individueller Futterplan von einem Hundeenährungsberater oder einem Tierarzt benötigt wird.

Wo kommen diese Ängste her, Welpen nicht mit allem versorgen zu können? Und woher die Annahme, dies mit einem Fertigfutter gewährleisten zu können?

Welpen benötigen im Großen und Ganzen die gleichen Nährstoffe wie erwachsene Hunde. Es gibt einige Aspekte, die man beim Füttern der Welpen besonders beachten muss. Da die jungen Hunde sich noch entwickeln und wachsen, haben Unterversorgungen und Nährstoffmängel größere Auswirkungen als bei ausgewachsenen Hunden.

Es ist also ganz sicher wichtig, beim Welpen besonders genau auf die durchgängige Nährstoffversorgung zu achten. Während die erwachsenen Hunde Dürreperioden, also vorübergehende Nährstoffmängel in der Regel problemlos ausgleichen können, kann der Organismus von Welpen und Junghunden dies nicht so gut leisten. Nährstoffmängel können sich deshalb direkter auf die Entwicklung, z.b. das Knochenwachstum auswirken. Wobei auch Welpen Mängel über kurze Zeiträume in der Regel problemlos ausgleichen können. Eine schlechte Ernährung über einen kurzen Zeitraum führt in der Regel nicht zu sofortigen oder langanhaltenden Entwicklungsproblemen oder Erkrankungen. Sonst müssten alle Welpen aus dem Tierchschutz und ausnahmslos alle Welpen aus schlechter Haltung Erkrankungen aufgrund des schlechten Futters haben.

Wenn wir für die gute Fütterung unserer Welpen verantwortlich sind, sollten wir dieses Risiko aber natürlich möglichst minimieren. Es liegt an uns, die Nährstoffversorgung sicher zu stellen, die besonderen Bedürfnisse der Welpen zu kennen und diese bei der Fütterung zu beachten.

Meiner Meinung nach liegt der Grund für die weitverbreitete Angst vor einer Mangelernährung beim Welpen darin, dass viele nicht wissen wie man richtig barft. Das Füttern von rohem Fleisch wird als Barfen interpretiert. Schlecht zusammengestellte Fertigbarf Mischungen, die den Nährstoffbedarf der Hunde nicht annähernd decken, werden in Zoohandlungen verkauft und von Menschen, die es einfach nicht besser wissen, gekauft und verfüttert.

Hundehalter wiegen sich mit diesen Fertigmischungen in der falschen Sicherheit, ihre Hunde optimal zu versorgen. Leider ist das Gegenteil der Fall. Hundehalter, die aus Angst davor, das Futter für ihren Welpen falsch zusammen zu stellen, zum Fertigbarf greifen, treffen aus dieser Angst heraus eine sehr schlechte Wahl. Fast alle Fertigbarf Menüs sind schlecht zusammengesetzt und decken den Nährstoffbedarf der Hunde nicht. Die Auswahl an gut zusammengestellten Mixen lässt sich leider an einer Hand abzählen. Für Welpen und Junghunde gibt es keinen einzigen wirklich gut zusammengesetzten Fertigmix.

Wenn du deinen Hund – speziell deinen Welpen – gesund und ausgewogen barfen möchtest, musst du dich selbst mit dem Futter, der richtigen Futterzusammenstellung und den notwendigen Futterkomponenten auseinandersetzen. Mit diesem Wissen kannst du einen individuellen Futterplan erstellen und das Futter für deinen Hund selbst zusammenstellen. Oder nach individuellem Plan zusammenstellen lassen. Falls du dir die Erstellung eines Futterplans auch nach dem Lesen dieses Buches aus welchem Grund auch immer nicht zutraust oder dein Hund aufgrund einer Erkrankung spezielle Bedürfnisse bezüglich der Fütterung hat, kann es Sinn machen, sich einen Plan von einem Ernährungsberater erstellen zu lassen.

Für einen gesunden Welpen kannst du, wenn du das möchtest, selbst einen Futterplan erstellen, der die Versorgung mit allen wichtigen Nährstoffen sicherstellt.

Da du dir dieses Buch gekauft hast und bis hierher gelesen hast, interessierst du dich sicher für das richtige Barfen eines Welpen. In den folgenden Kapiteln findest du diverse Infos zu den einzelnen Futterkomponenten, dem Bedarf von Welpen und die Grundlagen für die Erstellung eines Futterplans.

Noch mehr Infos rund um das Barfen, Rechner für die Bedarfsermittlung sowie Kontaktdaten für individuellen Fragen findest du im Internet auf meinem Blog unter www.barf-einfach.de

4. Die Futteraufteilung

In der Einführung habe ich bereits erwähnt, das Barfen nicht einfach das Füttern von rohem Fleisch ist. Ein Barfplan setzt sich aus verschiedenen Futterkomponenten zusammen, die in einem bestimmten Verhältnis gefüttert werden.

Der Großteil der Barf Mahlzeit besteht aus tierischen Komponenten, allen voran Muskelfleisch. Aber auch verschiedene Innereien und rohe fleischige Knochen gehören zu einem ausgewogenen Futter. Neben den tierischen Futteranteilen bestehen Barf Mahlzeiten zu 20 – 30% aus pflanzlichen Komponenten.

Im Folgenden möchte ich dir die einzelnen Futterkomponenten etwas ausführlicher vorstellen.

Die prozentuale Aufteilung des Futters findest du im Kapitel 5. "Futterplan erstellen".

4.1. Die einzelnen Futterkomponenten

4.1.1. Muskelfleisch

Mit der Hälfte des tierischen Futteranteils macht das Muskelfleisch den mit Abstand größten Anteil der gesamten Barf Ration aus.

Im Muskelfleisch sind verschiedenste Nährstoffe und Spurenelemente, Mineralien und Vitamine enthalten.

Da das Muskelfleisch der unterschiedlichen Tierarten eine unterschiediche Nährstoffzusammensetzung hat, solltest du für das Futter deines Hundes am besten das Fleisch von mindestens 3 verschiedene Tierarten zu nutzen.

Häufig verfütterte Tierarten sind beispielsweise Rind, Huhn, Pute, Lamm, Wild (Reh/Hirsch) oder Kaninchen.

Neben dem Fleisch dieser Tiere gibt es in speziellen Barf Shops inzwischen auch immer häufiger Fleisch exotischer Tiere wie Büffel, Strauß oder Känguruh zu kaufen. Diese exotischen Fleischsorten sind dann sinnvoll, wenn ein Hund Allergien entwickelt und die anderen Tierarten nicht mehr verträgt. Für gesunde Hunde ist die Fütterung dieser Exoten nicht nötig. Speziell Straußenfleisch hat den Ruf, besonders für Allergiker geeignet zu sein.

Während es durchaus sinnvoll ist, für etwas Abwechslung zu sorgen und bei der Planung des Futters mindestens 3 Tierarten einzukalkulieren solltest du es auf der anderen Seit auch nicht übertreiben.

Zu viel Abwechslung bringt deinem Hund nichts. Dazu kommt, das im Falle von auftretenden Allergien für eine Ausschlussdiät Fleisch einer Tierart benötigt wird, die noch nie gefüttert wurde. Weder im regulären Futter, noch in Form von Leckerlies und Kauartikeln.

Das Fleisch, das wir im Supermarkt zu kaufen bekommen, enthält in der Regel sehr wenig Fett, was in der menschlichen Ernährung als besonders erstrebenswert angesehen wird und als "hochwertig" gilt.

Natürlich ist dieses Fleisch aus dem Supermarkt auch für unsere Hunde geeignet.

Allerdings muss zu dem mageren Fleisch noch zusätzliches Fett dazu gefüttert werden. Gleiches gilt natürlich für mageres Fleisch aus dem Barf Shop.

Hunde ziehen ihre Energie größtenteils aus dem Fett in der Nahrung. Wenn dieses nicht in ausreichender Menge zur Verfügung steht, muss der Organismus des Hundes andere Futterbestandteile in Energie umwandeln. Dies ist für den Körper zum Einen anstrengend und kostet zusätzliche Energie, zum Anderen entstehen durch diese Umwandlungsprozesse Abfallstoffe im Körper, die über Leber und Niere gefiltert werden müssen. Eine langfristig zu fettarme Ernährung kann die Organe stark belasten und im schlimmsten Fall zu Leber- und Nierenschäden führen.

Damit dies nicht passiert, sollte der Fettgehalt im Muskelfleisch für Welpen und Junghunden bei 15% liegen.

Bei erwachsenen Hunden kann der Fettgehalt im Bereich zwischen 15 und 20% liegen. In Ausnahmefällen (sportlich geführte Hunde oder Hunde mit sehr hohem Energiebedarf) sogar bei bis zu 25%.

Bei Welpen und Junghunden sollte der Fettgehalt nicht zu hoch gesetzt werden, sondern konstant bei 15-16% liegen. Ein zu hoher Fettgehalt kann zu einer zu hohen Energiezufuhr und damit zu einem zu schnelles Wachstum beim Welpen führen, was nicht gut für Knochen, Muskeln und Gelenke ist.

Um auf diese 15% Fettanteil zu kommen, gibt es diverse Möglichkeiten.

Magerem Muskelfleisch kann reines Fett zugegeben werden. Auch ist es möglich, eine magere Fleischsorte mit einer fetten Fleischsorte zu mischen. Es ist kein Problem, das Fleisch verschiedener Tierarten im Futter zu mischen.

Das zugefügte Fett sollte im Optimalfall unbehandeltes, tierisches Fett, beispielsweise Hühner- oder Rinderfett, sein. Dieses bekommst du inzwischen in fast jedem Barfshop.

Als Notlösung und zur Überbrückung eignen sich auch Butter oder Gänseschmalz.

Zur Berechnung der benötigten zusätzlichen Fettmenge oder zum richtigen Mischverhältnis von fettem und magerem Fleisch, gibt es im Internet diverse Fettrechner. Unter anderem steht dir ein solcher Rechner auf meinem Blog "Barf einfach" zum download zur Verfügung. Wenn du Fett zum Muskelfleisch dazu gibst, ziehst du die zugegebene Menge Fett vom Muskelfleisch ab. Wenn dein Hund regulär 100g Muskelfleisch bekommen sollte, du aber 10g Fett dazu geben musst um auf den richtigen Fettgehalt zu kommen, reduzierst du das Muskelfleisch auf 90g.

Beim Muskelfleisch gibt es sowohl hochwertige als auch eher minderwertige Sorten. Minderwertiges Muskelfleisch erkennt man an einem hohen Anteil von Bindegewebe oder Sehnen.

Bindegewebshaltiges Fleisch eignet sich durchaus trotzdem zur Fütterung von Hunden und kann für die Mahlzeiten genutzt werden. Es sollte jedoch nicht ausschließlicher Bestandteil des Futters sein, da es insgesamt weniger Nährstoffe und Vitamine enthält als Fleisch mit geringem Anteil an Bindegewebe und viel Muskel. Ein Beutetier besteht aus beidem, weshalb ein Mischen verschiedener Fleischanteile durchaus Sinn macht.

Manche Hunde haben Probleme mit stark bindegewebslastigem Fleisch, da dieses schwerer verdaulich ist. Sollte das bei deinem Hund der Fall sein, solltest du auf Fleisch mit geringem Anteil an Bindegewebe zurückgreifen.

Wenn es um das Barfen von Welpen geht, findet sich an vielen Stellen die Empfehlung, die Welpen mit gewolftem Fleisch zu füttern. Das ist nicht notwendig. Welpen kommen in aller Regel auch problemlos mit stückigem Fleisch zurecht.

Hunde, die rohes Futter nicht kennen, tun sich möglicherweise anfangs etwas schwer und wollen die rohen Fleischstücke nicht fressen. In einem solchen Fall kann das gewolfte Fleisch eine gute Übergangslösung sein um den Hund an das neue Futter zu gewöhnen.

Um zu vermeiden, das der Welpe zu große Stücke schluckt, bzw. herunterschlingt, kannst du die Stücke so klein schneiden, das dein Welpe diese gefahrlos schlucken kann.

Ob gewolft oder stückig gefüttert wird, solltest du davon abhängig machen, was dein Hund gut frisst und womit du dich wohlfühlst.

Die Körpergröße eines Hundes ist nicht ausschlaggebend dafür, ob der Hund stückiges Fleisch fressen kann. Auch Hunde sogenannter Kleinstrassen können Fleischstücke kauen.

Schwieriger ist es bei Hunden, die extrem schlingen. Diesen kann man durch sehr große Stücke, die sie keinesfalls am Stück schlucken können, sowie durch das Festhalten des Futters versuchen beizubringen, nicht so massiv zu schlingen. Sollte dies nicht möglich sein, macht es bei den extremen Schlingern Sinn, das Fleisch entweder sehr klein zu schneiden, sodass es gefahrlos geschluckt werden kann oder es gewolft zu füttern.

4.1.2. Fisch

Eine Tagesportion Muskelfleisch pro Woche sollte gegen Vitamin D-haltigen Fisch ersetzt werden.

Während es bei erwachsenen Hunden ausreicht, Fisch einmal wöchentlich zu füttern, sollten Welpen den Fisch über die Woche verteilt bekommen. So ist die Vitamin D Versorgung durchgängig sichergestellt.

Es gibt verschiedenste Theorien dazu, ob und wie Hunde Vitamin D produzieren. Die meisten dieser Theorien gehen aber davon aus, das unsere Hunde, die im Gegensatz zu ihren wilden Artgenossen einen großen Teil des Tages in Räumen verbringen, selbst nicht genug Vitamin D produzieren können um ihren eigenen Bedarf zu decken.

Unsere Hunde müssen das Vitamin D also über die Nahrung aufnehmen. Vitamin D findet sich beispielsweise in der Leber und in sehr geringen Mengen in Muskelfleisch und anderen Innereien. Diese Futterbestandteile reichen jedoch nicht aus, um einen Hund mit ausreichend Vitamin D zu versorgen. Bei erwachsenen Hunden geht man von einem Vitamin D Bedarf von 10 I.E. Pro kg Körpergewicht täglich aus, bei Welpen und Junghunden kann der Bedarf bei bis zu 20 I.E. liegen.

Um diesen Bedarf abzudecken, wird Vitamin D haltiger Fisch gefüttert. Hierfür bieten sich beispielsweise Lachs, Wildlachs, Forelle oder Sprotten an.

Laut dem aktuellen Bundeslebensmittelschlüssel enthalten Lachs und Wildlachs nur 152 I.E. Vitamin D pro 100g. Dies widerspricht den bisherigen Zahlen, die für Lachs einen Vitamin D Gehalt von knapp 640 I.E. angeben. Bei dem geringen Vitamin D Gehalt laut Bundeslebensmittelschlüssel würde es nicht ausreichen, dem Hund eine Muskelfleischportion wöchentlich als Lachs zu füttern, um seinen Vitamin

D Bedarf zu decken.

Wer du sicher gehen willst, deinen Hund mit ausreichend Vitamin D zu versorgen, solltest auch beim Fisch für Abwechslung sorgen und beispielsweise Forelle, die mit 720 I.E. den höchsten Vitamin D Gehalt hat, und Lachs, bzw. Wildlachs im Wechsel füttern.

Der Fisch kann mit Flossen und, sofern dein Welpe bereits Knochen kennt, auch mit Gräten verfüttert werden.

Auch beim Fisch sollte auf den passenden Fettgehalt geachtet werden. Gerade Fisch aus speziellen Barf Shops hat oft einen sehr hohen Fettgehalt. Zu viel Fett kann zu Durchfall führen und sollte vermieden werden. Durch das Mischen von zu fettem Fisch mit magerem Fleisch kannst du den Fettgehalt ausgleichen.

Verweigert dein Welpe Fisch oder verträgt ihn nicht, kannst du stattdessen Dorschlebertran nutzen, um den Vitamin D Bedarf zu decken.

4.1.3. Innereien

Innereien sind der Nährstoff- und Vitaminbooster der gesamten Barf Ration.

Sie sollten insgesamt 15% des tierischen Futteranteils ausmachen.

Zu den Innereien zählen beim Barfen Leber, Herz, Niere, Milz und Lunge. Auch wenn Herz genaugenommen ein Muskel und damit eigentlich Muskelfleisch ist, wird es bei der Futteraufteilung zu den Innereien gezählt. Grund hierfür ist der hohe Nährstoffgehalt von Herz, der eher den Nährstoffwerten von Innereien als von regulärem Muskelfleisch entspricht.

Bei der Aufteilung der Innereien gibt es einige unterschiedliche Ansätze.

Zwei der am häufigsten empfohlenen Aufteilungen für Innereien sind folgende:

1/3 Leber, 1/3 Herz und je 1/9 Niere, Milz und Lunge oder

1/3 Leber und jeweils zugleichen Teilen Herz, Niere, Milz und Lunge.

Beide Aufteilungen decken den Nährstoffbedarf deines Hundes.

Leber enthält die meisten Nährstoffe. Lunge im Gegensatz dazu nur eher wenig. Einige Barfer verzichten bei der Fütterung deshalb auf Lunge und ersetzen sie mit Niere und Milz. Das ist möglich. Da zu Beutetieren jedoch auch die Lunge gehört und diese eine individuelle Nährstoffzusammensetzung hat, würde ich nach Möglichkeit auch Lunge als Innerei füttern.

Bei einer Fütterung ohne ausreichend Innereien fehlen deinem Welpen wichtige Nährstoffe, Vitamine, Mineralien und Spurenelemente. Das kann zu einer Mangelernährung und gesundheitlichen Problemen führen.

Beim Barfen von Welpen wird oft empfohlen Mineralienmischungen oder sogenannte "Complete-Pulver" zu füttern um den Nährstoff und Vitaminbedarf zu decken.

Wenn du ausgewogen barfst brauchst du diese Komplettpulver nicht. Dein Hund bekommt die notwendigen Nährstoffe durch die Innereien und die anderen Futterkomponenten.

Komplettpulver zusätzlich zu ausgewogenem Barfen können sogar zu einer Überversorgungen führen, was sich ebenso wie eine Mangelversorgung negativ auf die Gesundheit deines Welpen auswirken kann. Besonders problematisch ist dies bei Seealgenmehl.

Um deinen Welpen durchgängig mit allen notwendigen Nährstoffen zu versorgen, solltest du Innereien bestenfalls täglich füttern.

Ein weiterer Vorteil der täglichen Fütterung von Innereien ist der, dass so jeweils nur kleine Mengen Innereien im Futter sind. Größere Mengen Innereien können gerade bei empfindlichen Hunden zu Durchfall führen.

Entgiftungsorgane wie Leber oder Niere speichern keine Giftstoffe und sind für Hunde deshalb auch nicht gefährlich. Diese Organe filtern Giftstoffe und wandeln diese um, speichern sie aber nicht. Man muss beim verfüttern der Innereien also keine Angst haben, dem Hund durch Entgiftungsorgane Giftstoffe zuführen.

Einige Hunde mögen keine Innereien und verweigern dann das Futter. Hier kann es helfen, gewolfte Innereien zu füttern und diese ordentlich mit dem Fleisch zu vermischen. Teilweise ist es schon ausreichend die Innereien gewolft anzubieten. Einige Hunde scheinen weniger Probleme mit dem Geschmack, als vielmehr mit der Konsistenz der Innereien zu haben. Auch das verfeinern der unbeliebten Innereien mit anderen Lebensmitteln (Quark, Käse, Blut) kann dabei helfen, deinem Welpen oder Junghund die Innereien schmackhaft zu machen.

Innereien sind durch ihre große Menge an Nährstoffen, Vitaminen, etc ein wichtiger Bestandteil der Barfration. Sie sollten jedoch nicht im Übermaß verfüttert werden. Die ausreichende Nährstoffversorgung ist wichtig, eine Überversorgung kann jedoch ebenfalls schädlich sein. Der Innereienanteil von 15% versorgt den Welpen mit allem, was er aus den Innereien benötigt.

Barf Shops bieten häufig fertige Innereienmixe an. Einige dieser Innereienmixe sind durchaus zu empfehlen und erleichtern die Fütterung spezielle kleiner Hunde bei denen man nur sehr geringe Mengen benötigt. Bei der Auswahl fertiger Innereienmixe solltest du unbedingt auf eine genaue Deklaration mit prozentualer Aufteilung der enthaltenen Innereien achten. Außerdem darauf, das nicht mit Füllstoffen gearbeitet wird. In einigen Innereienmixen sind beispielsweise Euter, Pansen oder Schlund enthalten. Diese gehören nicht zu den Innereien, liefern dem Hund nicht die benötigten Nährstoffe. Solche Mixe solltest du nicht füttern.

Sind fertige Innereienmixe nach einer der oben genannten Aufteilungen zusammengestellt, kann man diese gut für die Fütterung verwenden.

Eine Abweichung von wenigen Prozenten bei den verschiedenenen Anteilen ist unproblematisch.

Im Gegensatz zum Muskelfleisch ist es bei den Innereien nicht unbedingt notwendig, diese von verschiedenen Tieren zu füttern. Zwar ist auch hier Abwechslung schön, da auch bei den Innereien die Nährstoffzusammensetzung leicht unterschiedlich ist. Die Fütterung der Innereien von nur einer Tierart ist aber ausreichend. Es macht Sinn Innereien von einem Tier zu fütern, von dem du auch das Muskelfleisch fütterst. Am einfachsten zu bekommen sind die Innereien vom Rind.

4.1.4. Rohe fleischige Knochen (RFK)

Bei den Barfmahlzeiten für Welpen sollten rohe fleischige Knochen 20% der tierischen Futterration ausmachen.

Welpen und Junghunde im Wachstum haben einen deutlich höheren Calciumbedarf als erwachsene Hunde. Dieser höhere Bedarf wird zum einen durch eine generell höhere Futtermenge aber auch durch die Erhöhung des RFK Anteils auf 20% im Gegensatz zu der Barf Aufteilung für erwachsene Hunde, mit 15% RFK Anteil, gedeckt.

Welpen und Junghunde mit Milchzähnen haben oftmals noch Probleme, härtere Knochen zu fressen. Hier muss phasenweise auf weiche Knochen zurückgegriffen werden, die einen niedrigeren Calciumgehalt haben. Auch das ist durch die erhöhte RFK Menge kein Problem. Bei Junghunden im Zahnwechsel kann es vorkommen, das RFK, die bereits gefressen wurden plötzlich nicht mehr gefressen werden. Der Zahnwechsel kann den Junghunden Schmerzen verursachen. In diesem Fall solltest du ebenfalls vorübergehend wieder nur weiche Knochen füttern.

Wenn beim Barfen von Knochen gesprochen wird, sind damit rohe fleischige Knochen, abgekürzt RFK, gemeint. Also Knochen mit Fleischanteil. Pure Knochen ohne Fleisch gehören nicht zum Barfen. Das Verhältnis von Knochen und Fleisch sollte bei den RFK etwa 50:50 beantragen. Also genausoviel Fleisch wie Knochen.

Etwas mehr oder weniger Fleischanteil ist dabei kein Problem. Bei RFK mit sehr wenig Fleisch am Knochen sollte zusätzliches Fleisch dazu gegeben werden um auf das richtige Verhältnis zu kommen. Generell solltest du die RFK, auch mit dem passenden Fleisch/Knochen Verhältnis, nicht pur in einer Mahlzeit zu füttern, sondern zusammen mit weiterem Muskelfleisch oder auch mit Innereien. Die Verdauung der

Knochen ist für den Magen des Hundes eine Herausforderung. Er benötigt dafür viel Magensäure. Frisst der Hund Muskelfleisch, so regt dieses die Produktion der Magensäure an. Es wird mehr Magensäure produziert und der Welpe kann die RFK besser verdauen.

Viele Hundehalter haben darüber hinaus gute Erfahrungen damit gemacht, die RFK zusammen mit den Innereien zu füttern. Während die Innereien eher für weichen Kot sorgen, verursachen RFK eher harten Kot. Durch die gemeinsame Fütterung der beiden Komponenten wird dies ausgeglichen. Was der eigene Hund am besten verträgt muss individuell ausprobiert werden.

Natürlich kann man auch Pansen mit den RFK zuammen füttern. Pansen ist jedoch ebenfalls schwer verdaulich. Reine Pansen/RFK Mahlzeiten können bei empfindlichen Hunden deshalb zu Verdauungsproblemen führen.

Bei Welpen sollten RFK, wie die anderen Futterbestandteile auch, bestenfalls täglich gefüttert werden. So vermeidest du bei der Fütterung zu große Mengen RFK an einem Tag, die zu schmerzhaftem Knochenkot führen können. Außerdem stellst du so eine durchgängige Calciumversorgung des Welpen sicher.

Manche Hunde vertragen RFK abends nicht. In diesem Fall kann es schon helfen, die RFK Mahlzeit morgens oder am frühen Mittag zu füttern.

Bei den RFK unterscheidet man zwischen weichen und harten RFK. Tragende Knochen ab Putengröße sind nicht zur Fütterung geeignet. Sie sind zu hart für den Zahnschmelz des Hundes und können Mikrorisse an den Zähnen verursachen. Die Größe des Hundes spielt dabei keine Rolle, der Zahnschmelz ist sowohl beim Chihuahua als auch beim Rottweiler gleich hart. Auch das Abnagen zu harter Knochen kann zu Schäden an Zähnen und Zahnschmelz führen. Große tragende Knochen sind also kein geeigneter langanhaltender Kausnack für deinen Hund sucht, auch wenn diese Knochen in Geschäften immer noch häufig genau dafür angeboten und beworben werden. Rinderkopfhautstangen und -platten oder Kaffeehölzer können eine mögliche Alternative sein.

Fürs Barfen geeignete Knochen sind beispielsweise Hühnerhälse, Putenhälse, Hühnerflügel, Hühnerkarkasse, Kaninchenkarkasse, Wildrippe, Lammrippe oder Kalbsbrustbein.

Geflügel- und Kaninchenknochen zählen zu den weichen RFK. Sie haben einen eher geringen Calciumgehalt, enthalten dafür aber mehr Phosphor .

Wild- und Lammrippe sowie Kalbsbrustbein zählen zu den harten RFK. Ihr Calciumgehalt ist deutlich höher als bei den weichen Knochen. Der Phosphorgehalt ist im Verhältnis um einiges geringer.

Über die Wichtigkeit des passenden Calcium/Phosphor Verhältnisses gibt es verschiedene Theorien. Inzwischen wird davon ausgegangen, das das exakt perfekte Verhältnis dieser beiden Komponenten nicht so wichtig ist wie lange angenommen.

Trotzdem wird empfohlen, ein Verhältnis zwischen 1:1 und 2:1 (Calcium:Phosphor) bei der Fütterung zu schaffen.
Wenn Welpen nur weiche RFK bekommen, ist das bei der Knochenfütterung nicht möglich, da die weichen RFK einen höheren Phosphorgehalt haben. Wenn die Junghunde auch harte RFK fressen können, solltest du die Fütterung abwechseln, also sowohl harte als auch weiche RFK füttern. Mit mindestens einem Drittel harten RFK pro Woche kommst du auch ohne genaue Berechnung auf ein gutes Calcium/ Phosphor Verhältnis.

Um das Calcium Phosphor Verhältnis bereits bei Welpen, die nur weiche RFK bekommen, auszugleichen kann man zu den weichen RFK

Calciumcitrat oder Eierschalenmehl füttern. Diese enthalten nur Calcium, kein Phosphor. Der Calciumgehalt von Eierschalenpuver bzw. Citrat muss bei der Futterplanerstellung mit einbezogen werden und die RFK Menge entsprechend reduziert werden.

Wer Sorge hat, dass der eigenen Hund die RFK schlingt und sich dadurch in Gefahr bringt kann statt stückiger RFK diese auch gewolft füttern. Das ist ebenfalls eine gute Alternative, falls der Hund keine stückigen RFK fressen möchte.

Mit den Welpen und Junghunden kann man das Fressen stückiger RFK üben, indem man die Knochen anfangs festhält. So müssen die Welpen kauen um fressen zu können.

Generell sind Hunde Schlingfresser, sie werden die RFK also nie in kleinste Stücke zerkauen um diese dann nacheinander abzuschlucken. Das Maul der Hunde ist nicht dafür ausgelegt, mahlende Kaubewegungen zu machen. Vielmehr reißen sie größere Stücke ihrer Nahrung ab, die sie dann abschlucken können.

Durch das Füttern gewolfter RFK geht der Zahnreinigungseffekt verloren. Stückige RFK sind gut für die Maulhygiene und können vorbeugend gegen Zahnstein wirken. Da die Bildung von Zahnstein jedoch zu einem großen Teil von der genetischen Veranlagung abhängt, ist das Füttern stückiger RFK leider kein Garant dafür, das die Zähne des Hundes frei von Zahnstein bleiben. Während manche Hunde trotz regelmäßiger Fütterung stückiger RFK Zahnstein bekommen, können die Zähne von Hunden die RFK immer nur gewolft gefressen haben, bis ins hohe Alter frei von Zahnstein bleiben.

Auch gewolfte RFK können zu Knochenkot führen, weshalb man auch bei der Fütterung gewolfter Knochen auf die richtige Menge achten und nicht zu viel füttern sollte.

Verträgt der Hund gar keine RFK, kann man stattdessen Knochenmehl füttern. Die dauerhafte Fütterung von Calciumcitrat oder Eierschalenmehl ist nicht zu empfehlen, da dieses dem Hund nur Calcium und kein Phosphor liefert. Wird statt RFK Knochenmehl genutzt, wird die Hälfte der eigentlich benötigten RFK Menge zusätzlich als Muskelfleisch gefüttert. Also ungefähr die Menge Fleisch, die auch an den RFK enthalten wäre. Die zweite Hälfte entfällt.

Bei der Fütterung von RFK solltest du unbedingt darauf achten, nur rohe Knochen zu füttern. Erhitzte, z.B. gekochte Knochen verändern ihre Struktur, werden porös. Sie können dann splittern und dem Hund gefährliche innere Verletzung zufügen.

4.1.5. Pansen

Pansen oder Blättermagen sollten in den Barf Rationen für Welpen und Junghunde bei 15% des tierischen Futteranteils ausmachen.

Immer noch wird Pansen zur Umstellung auf die rohe Fütterung empfohlen und als gutes Mittel bei Magen Darm Problemen angepriesen.

Bitte nicht!

Pansen ist bindegewebshaltiges Muskelfleisch, das schwer verdaulich ist. Hunde mit sehr wiederstandsfähigem Magen können eine Futterumstellung auf Barf mit Pansen möglicherweise ohne größere Probleme verkraften. Viele Hunde und sicherlich alle mit empfindlichem Magen Darm Trakt bekommen aber aufgrund der schweren Verdaulichkeit des Pansens Probleme. Von Magengrummeln über Bauchschmerzen bis Durchfall. Selbst unter Hunden, die das rohe Futter gewöhnt sind, gibt es einige, die zu viel Pansen auf einmal oder auch Pansen generell nicht vertragen.

Pansen ist beim Barfen nicht das gesunde Wundermittel, als das es leider immer noch häufig angepriesen wird. Die angeblich für den Hund so gesunden Bakterien im Pansen werden zerstört, sobald der Pansen eingefroren wird. Von den oftmals so angepriesenen gesunden Bakterien im Pansen kann der Hund also nur dann profitieren, wenn er ganz frischen Pansen von Weidetieren zu fressen bekommt, der noch nicht eingefroren oder auch lange gekühlt war.

Beim Barfen sollte nach Möglichkeit grüner, also ungewaschener, Pansen gefüttert werden. Dieser wird nur ausgeschüttelt und enthält noch Reste des vorverdauten Futters der Tiere. Da Hunden die notwendigen Enzyme fehlen um pflanzliche Nährstoffe aus der Nahrung zu extrahieren, können sie pflanzliche Nahrungsbestandteile nur verarbeitet – beziehungsweise natürlicherweise von Pflanzenfressern vorverdaut – nutzen. Der grüne Pansen liefert also zusätzliche pflanzliche Nähr- und Ballaststoffe.

Insgesamt enthält Pansen im Vergleich zu den anderen Futterbestandteilen beim Barfen wenig Nährstoffe und Vitamine. Dies und die Tatsache, das er bindegewebshaltig und damit schwerer verdaulich ist, ruft oft die Frage hervor, ob es überhaut Sinn macht, Pansen zu füttern.

Pansen kann beim Barfen problemlos weg gelassen, beziehunsgweise ersetzt werden.

Ich würde Pansen allerdings in den Futterplan mit einplanen, sofern der Hund ihn verträgt. Das Barfen orientiert sich am Beutetier. Neben Knochen, Innereien und zartem, hochwertigen Muskelfleisch gehört auch der Pansen, bzw. der Magen zu einem kompletten Beutetier dazu. Dazu kommt, dass das Fleisch der natürlichen Beutetiere zu einem gewissen Teil auch aus "minderwertigen", also bindegewebsreichen Abschnitten mit weniger Nährstoffen und Vitaminen besteht. Wenn wir Fleisch für unsere Hunde kaufen, dann kaufen wir häufiger das Fleisch, das hochwertiger aussieht. Also wenig Bindegewebe enthält. Um dieses Kaufverhalten auszugleichen und bei der Fütterung näher an das natürliche Beutetier heranzukommen, macht das Füttern bindegewebshaltiger Fleischsorten – wie Pansen – durchaus Sinn. Auch Hühnermägen bestehen zu einem großen Teil aus Bindegewebe und könnten ein Ersatz für Pansen sein.

Wenn du keinen Pansen füttern möchtest, dann muss der Pansenateil auf die anderen Futterkomponenten aufgeteilt werden. Bei der Aufteilung auf die anderen Futterbestandteile orientiert man sich in groben Zügen daran, was im Pansen, bzw. Blättermagen enthalten ist: Fleisch und pflanzlicher vorverdauter Mageninhalt.

Du kannst die 15% Pansen also gegen anderes Muskelfleisch und pflanzliche Futterbestanteile ersetzen. In welcher Aufteilung man diese ersetzt, sollte individuell vom Hund abhängig gemacht werden.

Du kannst den Pansen zu 100% gegen Muskelfleisch ersetzen. Hierbei wird oftmals empfohlen, nach Möglichkeit auch bindegewebshaltiges Muskelfleisch zu nutzen. Wenn du keinen Pansen fütterst, weil dein Hund Probleme bei der Verdauung des Bindegewebes hat, solltest du natürlich auf zu viel Bindegewebe im Fleisch verzichten.

Statt den Pansen komplett mit Muskelfleisch zu ersetzen, ist es genauso möglich nur 50% des Pansenanteils zum Muskelfleisch dazu zu geben. Die anderen 50% rechnest du auf die Obst/ Gemüse Mischung.

Auch Aufteilungen zwischen diesen beiden Varianten sind möglich. Also beispielsweise 75% Muskelfleisch und 25% Obst/ Gemüse.

Was für deinen Hund am besten passt musst du ausprobieren. Hunde die dazu neigen, schnell dick zu werden, sind oft mit der 50/50 Variante besser bedient. Hunde die viel Energie im Futter brauchen, könnten mit 100% Muskelfleisch besser versorgt sein.

4.1.6. Pflanzliche Futterbestandteile

Während 80% der Barf Mahlzeiten aus tierischen Komponenten bestehen, macht der pflanzliche Anteil lediglich 20% der gesamten Futteration aus. Eine Ausnahme ergibt sich bei der Fütterung mit Kohlenhydraten. Hier werden 10% der tierischen Komponenten gegen Kohlenhydrate ersetzt. Das Futter besteht dann also zu 70% aus tierischen Anteilen, 20% Obst und Gemüse und 10% Kohlenhydraten.

Zu den 20% Obst und Gemüse, also dem regulären pflanzlichen Anteil des Futters gehören keine Kohlenhydrate.

Hier kommt es häufig zu Fehlern und Missverständnissen, da z.B. Kartoffeln oder Haferflocken als pflanzlicher Futterbestandteil gefüttert werden. Wenn du deinem Hund Kohlenhydrate füttern möchtest, solltest du diese zusätzlich in die Barfration einrechnen. Sie ersetzen nicht das Obst und Gemüse.

Mit Gemüse und Obst wird der Mageninhalt der Beutetiere simuliert. Sie dienen unter anderem als wichtige Ballaststoffe für eine gesunde Verdauung. Die Ballaststoffe fördern die Produktion guter Darmbakterien und unterstützen so eine gesunde Darmflora.

Im Magen der Beutetiere sind die pflanzlichen Futterbestandteile bereits vorverdaut. Die Pflanzenzellen sind hierdurch bereits aufgespalten. Beim Barfen erreichst du dieses Aufspalten der Pflanzenzellen, indem du den pflanzlichen Futteranteil pürierst oder dünstest.

Häufig wird auf das Pürieren verzichtet und damit argumentiert, das der Hund Zähne habe und sein Futter nicht püriert benötigt. Das ist soweit richtig. Der Hund kann stückiges Obst und Gemüse natürlich zerbeißen und fressen. Allerdings fehlt es dem Hund in seinem Magen Darm System an den notwendigen Enzymen, um die Pflanzenzellen aufzuspalten. Der

Verdauunsgtrakt des Hundes ist nicht dafür ausgelegt pflanzliche Nahrung zu verwerten. Entsprechend können die Vitamine und Nährstoffe von stückigem Obst und Gemüse vom Hund dann nicht verwertet werden. Wird beim Barfen stückiges, nicht gedünstetes Obst und Gemüse verfüttert, so dient es lediglich als Ballaststoff und wird größtenteils ungenutzt wieder ausgeschieden.

Wird der pflanzliche Futteranteil püriert oder gedünstet, profitiert der Hund von den sekundären Pflanzenstoffen. Diese schützen die Zellen beispielsweise vor freien Radikalen, wirken entgiftend und haben eine teils antiparasitäre, entzündungshemmende Wirkung.

Den Großteil der benötigten Vitamine und Mineralien nehmen Hunde über den tierischen Futteranteil, allen voran über die Innereien, auf. Trotzdem liefern Obst und Gemüse, richtig verabeitet, ebenfalls zusätzliche Vitamine, Mineralien und Spurenelemente.

Generell wird eine 75/25 Aufteilung beim pflanzlichen Futteranteil empfohlen. Also ungefähr 75% Gemüse und 25% Obst. Bei dieser Aufteilung kannst du etwas flexibler sein.

Für Welpen und Junghunde passt die Aufteilung von drei Vierteln Gemüse und einem Viertel Obst in der Regel. Wenn Junghunde eher dicklich werden kann es helfen, den Gemüseanteil zu steigern und den Obstanteil zu verringern. Obst enthält viel Fruchtzucker, der bei manchen Hunden aufs Gewicht schlägt.

Beim Gemüse gilt, das vor allem grünes Gemüse gut für den Hund ist.

Optimalerweise besteht etwa die Hälfte des Gemüseanteils aus grünem Blattgemüse. Das können neben verschiedenen Salaten beispielsweise auch Karottengrün oder Gräser sein.

Neben dem grünen Gemüse sind auch Karotten eine gute Komponente für die Gemüseration. Sie beinhalten viele Nährstoffe, von denen dein Hund profitieren kann.

Geraspelten Karotten wird eine darmreinigende und wurmwidrige Wirkung nachgesagt.

Auch geraspelt kann der Hund die Zellwände der Karotten jedoch aufgrund der fehlenden Enzyme nicht aufspalten. Sie würden unverdaut wieder ausgeschieden. Wer geraspelte Karotten wegen ihre wurmwidrigen Wirkung füttern möchte, sollte diese also nicht zum Obst/ Gemüse Anteil rechnen, sondern zusätzlich füttern.

Um auch beim pflanzlichen Futterbestandteil eine breite Mischung verschiedener Nährstoffe und Vitamine zu bieten, empfiehlt sich auch hier Abwechslung. Nach Möglichkeit solltest du mindesten 3 verschiedene Sorten Gemüse füttern.. Das ist kein Muss, wertet jedoch das Futter deines Welpen auf.

25% des pflanzlichen Futterbestandteils werden gewöhnlich in Form von Obst gefüttert. Da Obst viel Fruchtzucker enthält, sollten vor allem bei Hunden die zum dick werden neigen, nicht zu viel Obst gefüttert werden.

Auch beim Obst solltest du nach Möglichkeit 2 oder mehr Sorten verfüttern. Häufig genutzt und von vielen Hunden gern gefressen, werden beispielsweise Bananen, verschiedene Beeren, sowie Äpfel und Birnen.

Wer auf regionales und saisonales Obst zurückgreift, profitiert von einer höheren Vitamindichte. Obst mit langen Transportwegen wird noch unreif gepflückt, wodurch es weniger Vitamine enthält.

Bei Äpfeln und anderem Kernobst solltest du die Kerne und das Kerngehäuse vor dem Füttern entfernen. Die Kerne enthalten schädliche Blausäure.
Obst sollte bestenfalls reif oder überreif verfüttert werden.

4.1.7. Barf Zusätze

Die Zusammenstellung der einzelnen Futterkomponenten beim Barfen orientiert sich am Beutetier. Es werden dabei aber nicht alle Bestandteile gefüttert, da einige den Hunden schaden könnten. Die Tiere, die wir verfüttern, sind häufig viel größer als "echte" Beutetiere. Entsprechend kann es zum Beispiel beim Verfüttern der Schilddrüse großer Tiere, wie z.b. Rind, zu einer massiven Überversorgung mit Jod kommen. Hohe Jodmengen aber auch ein stark schwankender Jodgehalt im Futter belasten die Schilddrüse und können zu Schilddrüsenerkrankungen führen.

Um dieses Risiko zu minimieren, solltest du kein Fleisch füttern, in welchem Reste der Schilddrüse vorhanden sind und das dadurch sehr jodhaltig ist. Schilddrüse sollte gar nicht auf dem Futterplan deines Hundes stehen.

Wenn du die Schilddrüse bei der Fütterung weglässt, ist der Jodgehalt des Futters aber deutlich niedriger, als dies bei einem ganzen Beutetier der Fall wäre. Deinem Hund fehlt also durch den Verzicht auf die Schilddrüse Jod in der Nahrung. Ein zu wenig an Jod ist ebenfalls problematisch und kann langfristig zu Erkrankungen der Schilddrüse führen.

Um deinen Welpen mit Jod zu versorgen und gleichzeitig sicherzustellen, das die Jodmenge weder zu hoch noch zu niedrig ist, kannst du beim Barfen *Seealgenmehl* füttern. In vielen Barf Mineralienmischungen oder "Komplettpulvern" ist bereits Seelagenmehl enthalten. Hier ist Vorsicht geboten, weil bei diesen Mischungen oft nicht klar ist, wie hoch der Jodgehalt ist. Es ist dann unmöglich auszurechnen, wie viel von dem Mischpulvern dein Hund benötigt, um genug – und gleichzeitig nicht zu viel – Jod zu bekommen.

Bei der Auswahl des Seealgenemehls solltest du darauf achten, dass der

Jodgehalt auf der Verpackung angegeben ist. Auf vielen Verpackungen angegebene Fütterungsempfehlungen mit Teelöffelangaben solltest du am besten ignorieren. Dies sind fast immer viel zu hoch.

Bei der Berechnung der richtigen Dosierung wird mit dem metabolischen Körpergewicht, also dem Stoffwechselgewicht, gerechnet. Das ist sehr kompliziert und für die meisten wohl nicht mal eben im Kopf auszurechnen. Es gibt aber im Internet diverse Rechner, die du nutzen kannst, um die richtige Menge an Seealgenmehl zu berechnen.

Bei Welpen musst du für die Berechnung außerdem mit dem Endgewicht, statt dem aktuellen Gewicht rechnen. Hier sind die Besitzer von Rassehunden mit bekannten Elterntieren deutlich im Vorteil, da sie sehr genau abschätzen können, wie viel ihr Welpe als ausgewachsener Hund wiegen wird.

Bei Mischlingen unbekannter Herkunft ist das oft deutlich schwieriger und man kann sich schnell um einige Kilogramm verschätzen. Versuche, möglichst genau zu schätzen und überprüfe deine Schätzung, sowie die ermittelte Menge an Seealgenmehl regelmäßig. Eine etwas zu hohe oder etwas zu niedrige Menge an Seealgenmehl ist immer noch besser als gar keine zusätzliche Jodzufuhr oder eine viel zu hohe Jodmenge.

Seelagenmehl ist der einzige Futterbestandteil, de nicht gerundet werden sollte und den du sehr genau fütetrn solltest. Wen dein Hudn also beispielsweise einen ausgerechneten Bedarf von 2,4g Seelage pro Woche hat, dann solltest du tatsächlich 2,4g wöchentlich füttern. Nicht 2 oder 3 Gramm. Für diese kleinen Mengen im Miligarmmbereich beötigst du eine Feinwaage. Da der Organsimus der Hunde wie schon beschrieben Probleme mit schwankenden Jodmengen hat, sollte das Seelagenmehl täglich zum Futter dazu gegeben werden. Um das trotz der kleinen Mengen praktikabel zu gestalten, hat es sich bewährt die Wochenmenge Seealgenmehl abzuwiegen und in einen Salzstreuer zu füllen. Dann kannst du täglich etwas davon über das Futter deines Hundes geben.

Außer dem deklarierten Seealgenmehl für die Jodversorgung benötigt dein Welpe ein Omega 3 haltiges Öl.

Das Fleisch, das wir unseren Hunden verfüttern, enthält in aller Regel sehr viel weniger Omega 3 Fettsäuren, als das Fleisch wildlebender Tiere. Um diesen Mangel auszugleichen, solltest du das Futter mit **Omega 3 Öl** ergänzen. Bei der Auswahl solltest du ein tierisches Öl als Hauptöl nutzen. Ich empfehle hierfür ein **Lachsöl**. Zusätzliches Vitamin E im Öl versorgt deinen Hund nicht nur mit diesem Vitamin, sondern sorgt gleichzeitig dafür, dass das Öl nicht innerhalb kürzester Zeit ranzig wird.

Neben dem Lachsöl, bzw. Omega 3 Öl gibt es weitere Öle, von denen dein Hund profitieren kann. Dies sind beispielsweise Borretschöl, Hanföl oder Kokosöl. Diese Öle kannst du mit dem Lachsöl abwechseln. Lachsöl sollte dabei das Hauptöl bleiben.

Eine weitere gute Möglichkeit, bei den Ölen für etwas mehr Abwechslung zu sorgen ist, statt reinem Lachsöl mit Vitamin E ein gutes 3-6-9 Öl zu füttern. Bei diesem solltest du darauf achten, das der Hauptbestandteil ein Fischöl ist. Gute 3-6-9 Öle gibt es beispielsweise von Pahema oder DHN.

Wenn du deinem Welpen ausschließlich Fleisch aus Weidehaltung fütterst, kannst du auf die zusätzliche Fütterung von Öl verzichten, da das Fleisch der Tiere aus Weidehaltung genügend Omega 3 Fettsäuren enthält. Fütterst du sowohl Fleisch aus Weidehaltung als auch das Fleisch von Tieren aus anderer Haltung, solltest du aber ebenfalls Lachsöl beziehungsweise 3-6-9 Öl füttern. Du kannst in diesem Fall die Menge etwas reduzieren.

Generell kannst du bei der Dosierung des Öls mit 0,3ml pro kg Körpergewicht täglich rechnen. Bei einem guten 369 Öl reichen 0,2ml pro kg

Körpergewicht aus. Hierbei kannst du auch wieder runden.

Die diversen Welpenzusätze, die du überall kaufen kannst, sind bei einer ausgewogenen Fütterung nicht nötig und bedienen eher die Angst frisch gebackener Hundeeltern, ihren Welpen nicht optimal zu versorgen. Ich würde dir empfehlen, auf solche Zusätze zu verzichten. Zu viele Zusätze, vor allem wenn es sich um Mischungen mit verschiedenen Mineralien, Vitaminen, etc handelt, können zu einer Überversorgung mit diversen Vitaminen oder anderen Nährstoffen führen. Auch zu viele Nährstoffe können krank machen und die Leber belasten. Dies gilt nicht nur für Welpenzusätze sondern auch für diverse andere Komplettpulver.

Seealgenmehl und Lachsöl mit Vitamin E sind die einzigen beiden Zusätze die ein gesunder Welpe bei einer ausgewogenen Barf Fütterung unbedingt braucht.

Darüber hinaus gibt es noch andere Zusätze, die kein Muss sind, von denen dein Welpe jedoch profitieren kann.

Gerade bei Welpen größerer Rassen hat es sich beispielsweise bewährt, zusätzlich Grünlippmuschelpulver zu füttern.

Grünlippmuschelpulver unterstützt das gesunde Knochen- und Knorpelwachstum und wird bei erwachsenen Hunden zur Unterstützung bei Gelenkserkrankungen eingesetzt. Bei der Dosierung des Pulvers kannst du dich an die Herstellerangaben auf der Verpackung halten. Auch Grünlippmuschelpulver ist in verschiedenen Komplettpulvern enthalten. Solltest du ein solches füttern, solltest du kein zusätzliches Grünlippmuschelpulver zum Futter dazufügen.

Ein weiterer gesunder Futterzusatz sind **Nüsse, bzw. Kerne**. Nüsse und Kerne enthalten viel Fett und zahlreiche Spurenelemente und Mineralien. Aufgrund des hohen Fettgehaltes solltest du es mit der Fütterung von

Nüssen nicht übertreiben. Als Fautsformel gilt 1 – 2g Nüsse pro kg Körpergewicht des Hundes in der Woche. Diese Formel gilt für die Fütterung erwachsener Hunde, kann aber auch für die Welpen- und Junghundefütterung übernommen werden.

Besonders geeignet für die Fütterung sind Cashewkerne, Sonnenblumenkerne, Kürbiskerne, Haselnüsse, Paranüsse und Sesam.

Cashewkerne enthalten viele ungesättigte Omega 3 Fettsäuren und Ballaststoffe. Auch Haselnüsse enthalten viele ungesättigte Fettsäuren, außerdem Calcium und Vitamine. Paranüsse leifern Vitamin B und Selen.

Auch Vitamin E, Folsäure, Magnesium und Eisen sind in den meisten Nüssen, bzw. Kernen enthalten.

Nicht alle Nüsse sind für Hunde vertäglich. Bittermandeln beispielsweise sind giftig für deinen Welpen. Gleiches gilt für Macadamianüsse und Muskatnuss. Auch Erdnüsse solltest du nicht verfüttern, da sie im Verdacht stehen, bei Hunden epileptische Anfälle auslösen zu können.

Damit dein Welpe die Spurenelemente und Mineralien aus den Nüssen und Kernen nutzen kann, müssen die Kerne püriert sein. Es bietet sich an, die Nüsse und Kerne mit der Obst/ Gemüsemischung zusammen zu pürieren.

Rohes *Eigelb* enthält eine hohe Menge an Biotin, bzw. Vitamin B7. Dieses Vitamin ist bekannt dafür, eine positive Wirkung auf Haut und Fell zu haben. Ein Eigelb wöchentlich pro 10 kg Körpergewicht deines Hundes sind ein allgemein anerkannter Richtwert für die Fütterung. Hunden unter 10kg Körpergewicht kannst du ebenfalls ein rohes Eigelb in der Woche füttern. Bei sehr kleinen Hunden kann es Sinn machen, z.b. nur alle 2 Wochen ein Eigelb zu füttern. Da B-Vitamine wasserlöslich sind und somit vom Körper bei "Überdosierung" in der Regel problemlos wieder ausgeschieden werden, ist ein zuviel an Eigelb aber eigentlich nicht problematisch.

Viele füttern ihren Hunden ganze rohe Eier mit Schale. Als Argument hierfür wird unter anderem angeführt, das die Eierschale Calcium enthält, was gut für die Knochen ist. Die Menge an Calcium in einer Eierschale ist allerdings so gering, das sie vernachlässigbar ist. Dein Welpe bekommt Calcium über die Fütterung von Knochen. Das Calcium der Eierschale fällt hierbei nicht ins Gewicht.

Der große Nachteil an der Fütterung ganzer Eier ist, dass das rohe Eiweiß den Stoff Avidin enthält. Dieser bindet das Biotin. Dein Welpe kann das Biotin aus dem Eigelb dann also nicht nutzen, da es fast vollständig vom Avidin gebunden wird. Ein Zuviel an rohem Eiweiß kann rein theoretisch zu einem Vitamin B Mangel führen. Bei der Fütterung ganzer Eier ist die Gefahr nicht vorhanden, Avidin und Biotin heben sich praktisch auf. Dein Hund sollte aber keine größeren Mengen reines rohes Eiweiß fressen.

Wenn du das Eiweiß ebenfalls verwerten möchtest, kannst du es kochen. Durch das Erhitzen wird das Avidin unschädlich gemacht. So kann das Eiweiß dem Hund ebenfalls gefüttert werden, ohne die Vorteile des rohen Eigelbs aufzuheben.

Der letzte Zusatz, den ich empfehle, ist *Blut*.

Blut ist nicht nur natürlicher Bestandteil jedes Beutetieres. Es enthält auch viel Natrium, sowie eine Vielzahl von Mineralien, wie z.B. Eisen.

Der Verkauf von Blut unterliegt strengen Richtlinien, weshalb es teilweise schwierig ist, Blut zu kaufen. Die meisten Online Barf Shops verkaufen Blut. Diesem ist meist Aga Aga oder Gelatine zugesetzt. Diese Zusätze verhindern, das das Blut gerinnt und verklumpt. Wenn du frisches Blut fütterst und dieses gerinnt oder klumpt, ist das kein Problem. Geronnenes Blut ist nicht schlecht, du kannst es normal verfüttern.

Solltest du keine Möglichkeit haben, Blut zu kaufen oder möchtest du kein

Blut füttern, kannst du stattdessen Salz füttern. Hierzu eignen sich z.b. Himalayasalz oder Meersalz. Jodiertes Speisesalz ist nicht geeignet.

Durch das Salz deckst du den Natriumbedarf deines Hundes. Die anderen im Blut enthaltenen zusätzlichen Mineralien können durch das Salz nicht ersetzt werden. Da sich diese anderen Mineralien aber bereits in anderen tierischen Futterkomponenten finden, besteht durch den Verzicht auf Blut keine Gefahr einer Unterversorgung.

Als Richtlinie für die Fütterung kannst du mit 50ml Blut pro Kilogramm verfüttertem Muskelfleisch rechnen. Hier kommt es nicht auf ein paar Milliliter mehr oder weniger an.

5. Futterplan erstellen

5.1. *An Welpen angepasstes Barfen – die Besonderheiten beim Barfen junger Hunde*

Um sicherzustellen, das dein Welpe alle Nährstoffe, Vitamine und Mineralien bekommt, die er benötigt, macht es Sinn, das du dir einen Futterplan erstellst.

So kannst du dir einen Überblick über den Bedarf deines Hundes verschaffen und sicherstellen, das du nichts vergisst.

Die Aufteilung der einzelnen Futterkomponenten folgt beim Barfen einer bestimmten prozentualen Verteilung, die ich dir gleich vorstelle.

Bei der Fütterung von Welpen gibt es ein paar kleine Unterschiede im Vergleich zur Fütterung ausgewachsener Hunde.

So brauchen Welpen beispielsweise eine deutlich höhere Futtermenge als ausgewachsene Hunde. Da sie sich noch im Wachstum befinden, haben sie einen deutlich höheren Nährstoffbedarf. Auch die Menge an RFK sollte bei den Barf Mahlzeiten für Welpen etwas höher sein als bei ihren ausgewachsenen Artgenossen.

Erwachsene Hunde können Nährstoffe aus dem Futter speichern. Es ist deshalb nicht notwendig, das sie jeden Tag alle Nährstoffe bekommen. Es reicht aus, wenn die Nährstoffversorgung über einen Zeitraum von wenigen Wochen stimmt.

Hier liegt der meiner Meinung nach größte Unterschied zur Fütterung von Welpen. Und einer, der gern von Barf Gegnern herangezogen wird wenn es darum geht, Gegenargumente gegen das Barfen von Welpen zu finden.

Der Organismus der Welpen kann Nährstoffe im Gegensatz zum

Organismus von erwachsenen Hunden nicht gut speichern. Außerdem haben Welpen noch keine Nährstoffreserven. Es ist für Welpen deshalb wichtig, das sie in kurzen Abständen, bestenfalls jeden Tag, die Nährstoffe bekommen, die sie benötigen um gesund zu wachsen und sich zu entwickeln.

Diese durchgängige Nährstoffversorgung ist auch beim Barfen problemlos sicherzustellen. Indem du deinem Welpen jeden Tag alle oben vorgestellten Futterkomponenten in der richtigen Aufteilung fütterst, bekommt er täglich alles was er benötigt.

Gerade bei kleinen Rassen sind die einzelnen Mengen teilweise sehr gering. Für die Gesundheit deines Welpen ist es aber wichtig, das du dir diese Arbeit machst und täglich alles fütterst.

Wenn dein Hund ausgewachsen ist, kannst du die Komponenten flexibler über die Woche verteilen und zum Beispiel Innereien und Knochen nur an 3 – 4 Tagen pro Woche füttern. So musst du nicht so viel wiegen und hast größere Mengen der einzelnen Komponenten.

Beim Barfen von Welpen sind folgende Dinge wirklich wichtig, wenn du eine gesündere Fütterung für deinen Hund sicherstellen möchtest:

- Die Einhaltung der generellen, an den Welpenbedarf angepassten, Futteraufteilung um den jungen Hund mit allen wichtigen Nährstoffen zu versorgen

- die richtige Auswahl und Dosierung der Zusätze

- Die richtige Futtermenge

- Die Verteilung der Futterkomponenten über die ganze Woche, sodass die durchgängige Nährstoffversorgung sichergestellt ist

5.2. Generelles zur Aufteilung

Es gibt verschiedene Ansätze beim Barfen. Wenn du dich ausführlich mit dem Thema beschäftigst und dich aus verschiedenen Quellen informierst, wirst du leicht voneinander abweichende Zahlen erhalten. Lass dich hiervon nicht verunsichern. Auch mit leichten Verschiebungen der Mengen kann es möglich sein, den Bedarf zu decken.

Im Folgenden stelle ich dir die Aufteilung vor, die von vielen Barfern favorisiert wird und sich bei vielen durchgesetzt hat. Zahlreiche Ernährungsberater empfehlen diese Aufteilung. Ich selbst nutze die Aufteilung für meine Hündin und von mir erstellte Futterpläne für andere Hundehalter.

Beim Barfen werden sowohl tierische als auch pflanzliche Futterkomponenten benötigt.

Die tierischen Futterkomponenten machen dabei den Großteil, nämlich 80% des Gesamtfutters aus. Die restlichen 20% des Futters sollten aus Gemüse und Obst bestehen.

Der tierische Anteil des Futters für deinen Welpen teilt sich dann noch einmal auf in Muskelfleisch, Innereien, RFK, also rohe fleischige Knochen, und Pansen.

Dabei sollte das Muskelfleisch 50% des tierischen Anteils ausmachen. Der Fettgehalt im Muskelfleisch sollte bei 15-16% liegen.

Eine Tagesportion Muskelfleisch in der Woche solltest du durch Vitamin D haltigen Fisch ersetzen. Auch der Fisch sollte optimalerweise einen Fettgehalt von 15% haben. Bei Welpen und Junghunden sollte der Fisch bestenfalls täglich mit gefüttert werden um eine durchgängige Vitamin D Versorgung sicherzustellen.

Bei der Fütterung von Welpen machen die RFK den zweitgrößten Anteil am tierischen Futter aus. Sie sollten 20% des tierischen Anteils betragen.

Innereien und Pansen sollten jeweils 15% des tierischen Anteils ausmachen.

Die Innereien werden noch einmal aufgeteilt in 1/3 Leber, 1/3 Herz und je 1/9 Niere, Milz und Lunge. Neben dieser Innereienaufteilung, die ich verwende, ist es ebenso möglich, 1/3 Leber zu füttern und die anderen 2/3 gleichmäßig auf Herz, Niere, Milz und Lunge aufzuteilen. Beide Aufteilungen versorgen deinen Welpen mit den notwendigen Nährstoffen.

Die 20% pflanzlichen Futterkomponenten teilen sich in etwa 75% Gemüse und 25% Obst auf. Beim Gemüse sollte optimalerweise gut die Hälfte aus grünem Blattgemüse bestehen. Das können zum Beispiel Salate oder auch Karottengrün und ähnliches sein.

Die Verteilung der einzelnen Futterbestandteile, die du beim Barfen berücksichtigen solltest, sieht also wie folgt aus:

80% tierische Komponenten, davon

>50% Muskelfleisch mit 15% Fett

>20% RFK

>15% Pansen

>15% Innereien (davon 1/3 Leber, 1/3 Herz, je 1/9 Niere, Milz, Lunge)

20% pflanzliche Komponenten, davon

>75% Gemüse

>25% Obst

Ein Übersichtblatt über die prozentuale Futteraufteilung findest du noch einmal am Ende dieses Buches.

5.3. Unterschiede zur Fütterung erwachsener Hunde

Die Futteraufteilung, die ich dir oben vorgestellt habe, ist fast identisch mit der Futteraufteilung beim erwachsenen Hund.

Um dir einen guten Überblick zu geben, möchte ich dir einmal zeigen, was sich bei der Fütterung eines erwachsenen Hundes ändert.

Wann du von der "Welpenfütterung" zur "Erwachsenenfütterung" umstellst, lässt sich so pauschal nicht sagen. Als grober Anhaltspunkt dient die Erreichung des ersten Lebensjahres. Das Größenwachstum des Hundes sollte weitestgehend abgeschlossen sein. Während man bei sehr kleinen Rassen also möglicherweise bereits mit einem dreiviertel Jahr auf die Fütterung für erwachsene Hunde umstellen kann, sollte man bei Hunden sehr großer Rassen möglicherweise noch über das erste Lebensjahr hinaus bei der besonderen Welpenfütterung bleiben. Wenn du dir unsicher bist, füttere lieber etwas länger nach der Welpenaufteilung. Du schadest deinem Hund damit nicht.

Jetzt aber zu den Unterschieden zwischen den beiden Fütterungen.

Der größte Unterschied ist, wie bereits beschrieben, das Welpen bestenfalls jeden Tag alle Futterkomponenten bekommen sollten. Dies ist bei ausgewachsenen Hunden nicht nötig. Wenn dein Hund ausgewachsen ist, kannst du beispielsweise auch ganze Pansentage einlegen oder die RFK und Innereien auf nur 3-4 Tage in der Woche verteilen. Auch Vitamin D haltiger Fisch kann bei einem erwachsenen Hund problemlos nur einmal in der Woche gegeben werden, während er beim Welpen möglichst täglich im Futter sein sollte.

Bei der Aufteilung der Futterkomponenten tauscht man beim erwachsenen Hund die Mengen von RFK und Pansen. Während dein Welpe also 20% RFK und nur 15% Pansen bekommt, sollte das Futter deines erwachsenen

Hundes nur noch 15% RFK und dafür 20% Pansen enthalten. Grund hierfür ist, das Welpen und Junghunde aufgrund des noch nicht abgeschlossenen (Knochen-)Wachstums einen deutlich höheren Calcium Bedarf haben als ausgewachsene Hunde. Dieser wird durch die kombination aus der prozentuale höheren Futtermenge sowie des erhöhten RFK Anteils gedeckt.

Der Rest der prozentualen Aufteilung der Futterkomponenten, wie weiter vorn vorgestellt, unterscheidet sich nicht.

Während der Fettanteil beim Welpen ziemlich genau bei 15-16% Fett liegen sollte, kannst du bei der Fütterung deines erwachsenen Hundes auf 20%, bzw. bei sportlich geführten Hunden sogar auf bis zu 25% Fettgehalt hochgehen. Abhängig vom Bedarf deines erwachsenen Hundes kann der Fettgehalt im Muskelfleisch dann also 15 – 25% betragen. Du solltest den Fettgehalt nicht unter 15% sinken lassen. Auch nicht, wenn der Hund abnehmen soll. Das Fett wird, wie bereits beschrieben, zur Energiegewinnung benötigt. Fehlt dem Hund Fett im Futter, muss er die Energie aus den anderen Futterkomponenten ziehen. Es entstehen schädliche Stoffwechselabfallprodukte im Körper.

Die deutlich höhere Futtermenge ist eine weitere Besonderheit bei der Welpenfütterung. Bei erwachsenen Hunden rechnest du in der Regel mit 2 – 3% des Körpergewichtes.

Hunde kleiner Rassen brauchen dabei oft eher 3% Futtermenge, für Hunde größerer Rassen sind 2 – 2,5% oft schon ausreichend. Du solltest mit der Futtermenge nicht unter 2% des Körpergewichtes deines Hundes gehen. Bei einer Futtermenge unter 2% ist die ausreichende Nährstoffversorgung deines Hundes nicht mehr sichergestellt. Es könnte zu einer Unterversorgung kommen.

Welpen im Wachstum brauchen gerade zu Beginn eine bedeutend höhere Futtermenge als die 2-3% um alle Nährstoffe zu bekommen, die sie für ihre Entwicklung brauchen. Wie viel die jungen Hunde zeige ich dir im nächsten Kapitel.

Bei der Berechnung der richtigen Menge an Seealgenmehl rechnet man bei erwachsenen Hunden mit dem tatsächlichen Gewicht. Bei Welpen und Junghunden rechnet man den Bedarf anhand des zu erwartenden Endgewichtes aus. Hierbei sind Besitzer von Rassehunden deutlich im Vorteil, weil das Endgewicht deutlich besser einzuschätzen ist als bei einem Mischlingswelpen, bei dem möglicherweise nicht einmal beide Elterntiere bekannt sind. In diesem Fall ist es hilfreich, anhand des Alters und Gewichtes des Hundes nach Rassen zu suchen, die im gleichen Alter ein ähnliche Gewicht haben. Wachstumskurven können einen Anhaltspunkt dafür liefern, wie das Endgewicht des Hundes sein wird.

5.4. Die richtige Futtermenge

Wie bereits beschrieben haben Welpen und Junghunde einen deutlich höheren Futterbedarf als erwachsene Hunde.

Wie hoch genau der Futterbedarf ist, lässt sich jedoch weder bei Welpen, bei Junghunden, noch bei erwachsenen Hunden exakt vorhersagen.

Der genaue Bedarf ist abhängig von verschiedensten Faktoren und damit ganz individuell. Selbst Wurfgeschwister können unterschiedliche Futtermengen benötigen, weil der eine Welpe beispielsweise aktiver ist, der andere eher ruhig, der nächste sehr aufgeregt, etc.

Es gibt jedoch Richtwerte, wie hoch der durchschnittliche Bedarf der Hunde in den jeweiligen Altersstufen ist. Diese Richtwerte eignen sich um ins Barfen einzusteigen und einen ersten Futterplan zu erstellen. Durch Beobachten deines Junghundes und regelmäßiges Wiegen wirst du schnell feststellen, ob die Futtermenge für deinen Hund passt oder ob er etwas mehr oder weniger Futter benötigt. Dann kannst du die Mengen entsprechend an die individuellen Bedürfnisse deines Hundes anpassen.

Welpen im Alter von 9 – 23 Wochen benötigen in der Regel 6-7% Futtermenge.

Junghunde ab der 24. bis zur 34. Woche circa 5%.

Ab der 35. Woche bis zur 52. Woche sollte die Futtermenge bei 3-4% liegen.

Welpen kleiner Rassen, die ausgewachsen ein Endgewicht von unter 8kg haben, benötigen meist mehr Futter als oben angegeben. Bei Welpen und Junghunden der kleinen Rassen empfehle ich, etwa 1 – 2% mehr zu veranschlagen.

Anders herum kann es bei Hunden größerer Rassen früher nötig sein, die Futtermengen zu reduzieren.

Das dein Hund zu viel Futter bekommt, merkst du daran, das er zu schnell zunimmt und dick wird. Auch ein zu schnelles Wachstum ist ein Zeichen für eine zu hohe Futtermenge. Auch wenn dein Hund mäkelt, also anfängt einzelne Bestandteile seines Futters auszusortieren oder sein Futter plötzlich verweigert, solltest du testweise die Futtermenge etwas reduzieren. Es kann gut sein, das dein Hund einfach satt ist und sich deshalb die leckersten Stücke aus dem Futter herauspickt und den Rest liegen lässt.

Die Angabe der Lebenswochen, ab denen die niedrigeren Prozentwerte für das Futter angegeben sind, können ebenfalls nur Anhaltspunkte sein und müssen individuell angepasst werden.

Häufig höre ich, das Welpenbesitzer durch diese nicht festgeschriebenen Futtermengen stark verusichert sind. Sie trauen sich nicht zu einzuschätzen, welche Futtermenge die Richtige ist. Ich möchte dazu zu bedenken geben, dass das gleiche Problem bei Fertigfutter besteht. Auch bei diesem gibt es in der Regel von – bis Angaben und wir Hundehalter müssen innerhalb dieser Reichweite die passende Futtermenge für unsere Hunde herausfinden.

Du solltest deinen Welpen regelmäßig wiegen und die Futtermenge anfangs wöchentlich, später zweiwöchentlich anpassen. Da die Welpen und Junghunde ständig an Gewicht zulegen, muss entsprechend der Plan auch immer wieder angepasst werden. Nimmt dein Welpe 2 Kilogramm zu, sind 6% des Körpergewichtes natürlich mehr als mit 2 Kilo weniger.

Beim Verringern der Futtermenge musst du nicht zwingend in ganzen Prozentschritten vorgehen. Wenn dein Hund beispielsweise nur langsam zunimmt und eher schmal ist, kann es Sinn machen die Futtermenge nicht in der 24 Woche direkt von 6 auf 5% zu reduzieren, sondern möglicherweise erst einmal auf 5,5%. Wenn das gut klappt und er weiter zunimmt, kann beim nächsten oder übernächsten wiegen und anpassen des Futterplans auf

5% Futtermenge reduziert werden.

Wenn du merkst, dass deinem Hund die geplante Futtermenge nicht reicht, er also beispielsweise bei 5,5% nicht mehr zunimmt oder sogar abnimmt solltest du die Futtermenge wieder erhöhen – unabhängig davon was die Richtwerte sagen.

Verlass dich bei der Einschätzung des Gewichts deines Welpen nicht nur auf dein Augenmaß. Nach einem Wachstumsschub wirken junge Hunde schnell mal zu dünn, man sieht die Rippen plötzlich stark. Viele Hundebesitzer sorgen sich dann, dass der Hund abgenommen habe. Wenn du das Gewicht dann kontrollierst stellst du häufig fest, dass der Eindruck täuscht und der Junghund sogar zugenommen hat.

Regelmäßiges Wiegen ist also nicht nur notwendig um die Futtermenge anzupassen, sondern hilft dir auch bei der Einschätzung, ob die Entwicklung deines Welpen so vorangeht wie sie soll.

Bei Rassehunden gibt es oft Wachstums-, bzw. Gewichtskurven, aus denen hervorgeht wie groß und schwer die Welpen und Junghunde in einem bestimmten Alter sein sollten. Sprich deinen Züchter am besten auf eine solche Wachstumskurve an. Bei Mischlingen gestaltet sich das ganze etwas schwieriger. Du kannst dir aber im Internet anhand des Alters und Gewichtes deines Hundes passende Wachstumskurven suchen, an denen du dich grob orientieren kannst.

Gerade Hunde größerer Rassen wachsen, wenn sie gebarft werden, teilweise langsamer als ihre Geschwister. Das ist kein Grund zur Sorge. Das langsamere Wachstum beeinflusst die Endgröße nicht. Du musst also keine Sorge haben, dass dein Hund wegen des Barfens kleiner bleibt als seine Wurfgeschwister oder der Rassestandard. Es dauert nur möglicherweise etwas länger, bis dein Hund seine genetisch festgelegte Endgröße erreicht.

5.5. Erstellen eines individuellen Futterplans

In den vorangegangenen Kapiteln habe ich dir alle Berechnungsgrundlagen gezeigt, die du brauchst um den Futterbedarf deines Welpen zu ermitteln.

Wie aus diesem errechneten Grundbedarf jetzt ein kompletter Futterplan entstehen kann, möchte ich dir im Folgenden anhand eines Beispiels Schritt für Schritt zeigen.

Zunächst einmal braucht man für die Erstellung eines Futterplans das Alter und Gewicht des Welpen, der gebarft werden soll.

Als Beispiel Hündin Emma, die mit 9 Wochen 3 kg wiegt. Also ein Hündin einer eher kleineren Rassen, die ausgewachsen knapp 10 kg wiegen wird.

Da Emma zu den eher kleinen aber nicht ganz kleinen Hund zählt würde ich bei ihr in einem Alter von 9 Wochen mit 7% Futtermenge starten.

3000g /100 = 30g

30g x 7 = 210g

Bei 3kg Körpergewicht entsprechen 7% Futtermenge also 210g Futter täglich.

Diese 210g Gesamtfuttermenge teilen sich in den tierischen Anteil mit 80% und in den pflanzlichen Anteil mit 20% auf.

210g/100 = 2,1g

2,1g x 80 = 168g

2,1 gx 20 = 42g

Emmas tägliches Futter sollte also aus 186g tierischen Anteilen und 42g pflanzlichen Anteilen bestehen.

Natürlich musst du nicht exakt aufs Gramm genau abwiegen, sondern kannst die Werte sinnvoll runden. Bei großen Rassen und großen Futtermengen kannst du großzügiger runden als bei sehr kleinen Hunden und entsprechend kleinen Futtermengen.

Ich würde dir aber raten, erst einmal alles durchzurechnen und erst am Ende zu runden. Es bringt dir nichts gleich am Anfang schöne runde Zahlen zu haben, beim Aufteilen dann aber wieder krumme Zahlen zu erhalten. Durch mehrfaches Runden in jedem Rechenschritt kann es außerdem irgendwann zu größeren Abweichungen kommen. Deshalb mein Tipp: Erst einmal alles mit den exakten Zahlen berechnen und am Ende sinnvoll runden.

Weiter gehts mit der Berechnung.

Die 80% tierischen Anteils, also die 168g teilen sich jetzt noch in die verschiedenen Futterkomponenten.

Hier noch einmal eine kleine Übersicht:

50% Muskelfleisch mit 15% Fett

20% RFK

15% Innereien

15% Pansen

Bezogen auf unsere Futtermenge von 168g bedeutet das:

168g/ 100 = 1,68g

1,68g x 50 = 84g (Muskelfleisch)

1,68g x 20 = 33,6g (RFK)

1,68g x 15 = 25,2g (Innereien)

1,68g x 15 = 25,2g (Pansen)

Die 25,2g Innereien teilen sich noch einmal auf in 1/3 Leber, 1/3 Herz und je 1/9 Niere, Milz und Lunge.

Also

25,2g/3 = 8,4g (Leber und Herz)

25,2g/9 = 2,8g (Niere, Milz und Lunge)

Beim Muskelfleisch sollte eine Tagesportion pro Woche gegen Fisch ersetzt werden. Um auszurechnen, wie viel Fisch dein Welpe täglich bekommen sollte, teilst du die tägliche Muskelfleischmenge durch 7.

Also **84g/7 = 12g**

Die 12g Fisch ziehst du von der täglichen Muskelfleischration ab.

84g – 12g = 72g

Der Welpe Emma würde also nicht 84g Muskelfleisch, sondern 72g Muskelfleisch plus 12g Fisch bekommen.

Der pflanzliche Anteil von 42g teilt sich auf in 75% Gemüse und 25% Obst.

42g/100 = 0,42g

0,42g x 75 = 31,5g (Gemüse)

0,42g x 25 = 10,5g (Obst)

Hier einmal ein Überblick über die errechneten einzelnen Tagesmengen:
Tierischer Anteil: 186, davon

 Muskelfleisch: 72g

 Fisch: 12g

RFK: 33,6g

Innereien: 25,5g, davon je 8,4g Leber und Herz und je 2,8g Niere, Milz und Lunge

Pansen: 25,5g

pflanzlicher Anteil: 42g, davon

Gemüse: 31,5g

Obst: 10,5g

Das sind jetzt ziemlich kleine und krumme Zahlen. Diese kannst du jetzt sinnvoll runden.

Tierischer Anteil:

Muskelfleisch: 75g

Fisch: 12g

RFK: 35g

Innereien: 25,g, davon je 8g Leber und Herz und je 3g Niere, Milz und Lunge

Pansen: 25g

pflanzlicher Anteil:

Gemüse: 30g

Obst: 10g

Bei den Innereien kommst du trotz runden auf sehr kleine und oft sehr unpraktisch zu verarbeitende Futtermengen.

Warum es sinnvoll ist, es mit dem Runden nicht zu übertreiben und wie du gut mit krummen Zahlen umgehen kannst, dazu findest du im nächsten Kapitel noch ein paar Tipps und Denkanstöße.

Auch später wirst du bei kleinen und mittelgroßen Hunden immer mit sehr kleinen Mengen der einzelnen Innereien konfrontiert sein. Gerade wenn du Innereien nicht in kleinen individuellen Mengen einkaufen kannst, sondern abgepackte Innereien mit mindestens 250g kaufen musst, hast du immer viel zu große Mengen die dir den Gefrierschrank verstopfen.

Mein Tip ist deshalb, fertige Innereienmixe zu nutzen. Es gibt inzwischen in vielen Barfshops gute, fertig zusammengestellte Innereienmixe zu kaufen. Leider gibt es neben den guten Innereinmixen auch sehr schlechte, die falsch zusammengestellt sind. Du musst bei der Auswahl also genau hinschauen.

Achte beim Einkauf darauf, das der Mix exakt deklariert ist. Das also genau angegeben ist, welche Futterkomponenten in welcher Menge in dem Mix enthalten sind.

"Innereien vom Rind (95%)" ist keine ausreichend exakte Deklaration. Mit Innereien kann in diesem Fall alles mögliche gemeint sein. Oft werden billige Füllstoffe genutzt. Selbst wenn du irgendwo eine Angabe findest, welche Innereien verarbeitet sind hast du keine Ahnung, was in welcher Menge enthalten ist.

"36% Leber, 36% Herz, 12% Milz, 8% Niere und 8% Lunge" ist eine genaue Deklaration, weil du nachvollziehen kannst wie viel von welcher Innerei in dem Mix enthalten ist.

Auch wenn die Aufteilung des Mixes in dem Beispiel für eine gute

Deklaration nicht exakt der vorgestellten Aufteilung entspricht, wäre ein solcher Mix durchaus zur Fütterung geeignet. Abweichungen von wenigen Prozenten bei den einzelnen Anteilen sind kein Problem.

Euter, Pansen, Blättermagen, Hühnermägen oder sogar Schlund gehören nicht in einen Innereienmix. Von einem Mix der diese Komponenten enthält, solltest du die Finger lassen.

Wenn du jetzt die Mengen der einzelnen Futterbestandteile kennst, die dein Welpe benötigt, hast du damit schon fast seinen fertigen Futterplan. Bei Welpen und Junghunden solltest du täglich alles füttern. Du fütterts also täglich den Tagesbedarf. Kleine Schwankungen sind kein Problem.

Im nächsten Schritt geht es darum, den Futterplan für deinen Welpen konkreter zu gestalten. Also zu entscheiden, welches Fleisch und welche Knochen du füttern möchtest.

Abwechslung ist dabei wichtig, sollte aber auch nicht übertrieben werden. Entscheide dich am besten für 3-4 Sorten Fleisch. Bei der Auswahl der Tierarten achte darauf, dass du von diesen Tieren auch Innereien und Knochen bekommst.

Sinnvoll ist es, mindestens eine Geflügelart mit einzuplanen. Huhn oder Pute sind gut zu bekommen. Von beiden Tierarten bekommt man außerdem Knochen und zumindest Leber und Herz sehr problemlos. Eine weitere immer weiter verbreitete Geflügelsorte ist Ente. Auch von der Ente bekommt man im Barf Shop inzwischen oft RFK in Form von Hälsen. Bei den Innereien ist es bei Ente schon schwieriger.

Rind bietet sich ebenfalls zur Fütterung an. Die Innereien vom Rind sind am einfachsten zu bekommen. Auch die meisten Innereienmixe bestehen aus Rinderinnereien. Neben den Innereien und natürlich dem Muskelfleisch eignet sich auch Kalbsbrustbein zur Fütterung als harte RFK. Von anderen

Knochen des Rinds würde ich abraten, da diese in der Regel zu hart sind und die Zähne deines Welpen schädigen können. Auch für erwachsene Hunde sind RFK vom Rind – mit Ausnahme von Kalbsbrustbein zu hart und sollten nicht gefüttert werden.

Neben Geflügel und Rind kannst du Wild oder Lamm für das Futter deines Welpen mit einplanen. Hierbei würde ich mich für eine der beiden Tierarten entscheiden. Für den Fall, das dein Hund eine Allergie entwickelt, solltest du dir mindestens eine Tierart beim Füttern aufsparen, mit der du im Bedarfsfall eine Ausschlussdiät machen kannst.

EXKURS Ausschlussdiät:

Mit einer Ausschlussdiät kannst du bei allergischen Reaktionen deines Hundes feststellen, gegen welche Tierarten dein Hund allergisch ist und welche er verträgt.

Eine Ausschlussdiät (ASD) ist recht aufwändig und langwierig. Du brauchst für die Fütterung eine Tierart, die dein Hund nicht kennt. Die er also noch nie gefressen hat – auch nicht in Form von Leckerlies. Diese wird bei der ASD über einen längeren Zeitraum gefüttert, bis der Hund sicher symptomfrei ist. Danach folgt eine Erprobungsphase, in der nach und nach weitere Fleischsorten gefüttert werden. Dabei wird getestet, ob der Hund auf diese allergische Reaktionen zeigt. So kann man herausfinden auf welche Tierarten der Hund allergisch reagiert und welche er gut verträgt.

Als RFK eignen sich Geflügelhälse (Huhn, Pute, Ente), Hühnerkarkasse, Hühnerflügel oder Hühnerbeine, Kanichenkarkasse, Wild- oder Lammrippe, sowie Kalbsbrustbein.

Achte bei der Auswahl der RFK darauf, keine Knochen der Tierart zu füttern, die du für eine ASD ausgespart hast.

Innereien können ausschließlich von einem Tier gefüttert werden. Es ist also beispielsweise kein Problem, wenn du durchgängig nur Innereien vom Rind, gegebenenfalls in Form eines fertigen Innereienmixes, fütterst. Abweschlung ist zwar auch bei den Innereien schön aber nicht unbedingt notwendig.

Zum Schluss musst du dir noch überlegen, welchen Fisch du füttern möchtest. Auch hier kannst du abwechseln, musst es aber nicht. Bei der Auswahl der Fischsorten ist wichtig dass der Fisch Vitamin D enthält. Geeignet sind beispielsweise Lachs, Wildlachs oder Forelle. Seelachs hat nicht ausreichend Vitamin D, eignet sich also nicht zur Fütterung.

Wenn du dich dafür entschieden hast, welches Tierarten du verfüttern möchtest, hast du verschiedene Möglichkeiten, daraus den Futterplan für deinen Welpen zu gestalten.

Du kannst genau festlegen, welche Fleischsorte er wann bekommt.
Du würdest auf dem Futterplan also festlegen, dass es Montag Rindfleisch gibt, Dienstag Huhn, Mittwoch Wild, Donnerstag Rind, Freitag Pute, Samstag Wild, Sonntag Wild.

Zusätzlich natürlich täglich den Fisch, die Innereien, die RFK, Obst, Gemüse und die Zusätze. Die RFK könntest du ebenfalls fest auf die Woche verteilen. Beispielsweise Montag, Mittwoch, Freitag und Sonntag Hühnerhälse, Dienstag, Donnerstag und Samstag Wildrippe.

Eine andere Möglichkeit ist, einfach nur festzulegen, welche Fleischsorten und RFK du füttern möchtest. Die Verteilung auf die Woche kannst du dann flexibel gestalten und variieren, je nachdem wie du gerade Lust hast oder was du noch in welchen Mengen vorrätig hast.

Meine Hündin füttere ich nach dieser Variante. Ich habe festgelegt welche Fleischsorten sie bekommt, habe aber keine festen Tage an denen es eine bestimmte Sorte Muskelfleisch oder bestimmte RFK gibt. Ich stelle einfach verschiedene Portionen mit verschiedenen Muskefleischsorten und verschiedenen RFK zusammen. Portionen mit Wildfleisch, Rind, Pute und oder Huhn, sowie verschiedenen Geflügelknochen und Wildrippe. Die Mengen der einzelnen Fleischsorten variieren je nachdem wie ich eingekauft habe und was ich noch im Vorrat habe. Gleiches gilt für die RFK. Ich bereite das Ftter immer für einen Monat vor und friere es dann ein. Beim auftauen ist es dann Zufall, welche Muskelfleischsorte oder welche RFK es an dem jeweiligen Tag gibt.

Beim Welpen kannst du natürlich nicht für einen ganzen Monat vorportionieren, da du die Futtermenge ja an die Geichtszunahme anpassen musst. Du kannst aber problemlos für 2 Wochen verschiedene Menüs mit verschiedenen Tierarten vorbereiten und einfrieren.

Du hast außerdem die Möglichkeit, ein Komplettfutter zu mixen. Du rechnest dir hierfür aus, was du in welchen Mengen über einen gewissen Zeitraum – beim Welpen maximal 2 Wochen – benötigst. Dann mischst du alles in einer großen Wanne ordentlich durch. Diese selbstzusammengestellte Mischung kannst du dann auf die einzelnen Portionen verteilen. Bei dieser Variante solltest du darauf achten das Futter gut durchzumischen um eine gleichmäßige Verteilung zu gewährleisten. Ein Komplettfutter kannst du sowohl mit stückigen, als auch mit gewolften Futterkomponenten herstellen. Bei stückigen Futterkomponenten sollten die einzelnen Stücke allerdings nicht zu groß sein, sodass du viele verschiedene Stücke in einer Portion abfüllen kannst.

Generell macht es Sinn, RFK eher morgens oder mittags zu füttern. Einige Hunde vertragen RFK abends schlecht, reagieren mit Knochenkot oder anderen Beschwerden. Wenn du mit einem Wochenplan arbeitest, kannst du die RFK problemlos in die Morgenrationen einplanen.

Wenn du ein Komplettfutter ansetzt kannst du Probleme durch die abendliche RFK Fütterung verhindern, indem du die RFK separat portionierst. Das hat außerdem den Vorteil, dass du nicht Gefahr läuft zu große Mengen RFK in den einzelnen Portionen zu haben, was ebenfalls Probleme verursachen kann. Du lässt die rohen fleischigen Knochen bei der Gesamtmischung also einfach weg und gibst sie stattdessen im Anschluss zu den abgefüllten Einzelportionen oder frierst sie separat ein und gibst sie deinem Welpen morgens und/ oder mittags einzeln zu sonst fertigen Portionen dazu.

Beispielpläne für die verschiedenen Varianten findest du ganz am Ende dieses Buches.

5.6. Der Welpe wächst – Futterplan anpassen

Da Welpen sehr schnell wachsen und entsprechend ihr Gewicht verändern, musst du ihren Futterplan auch häufig anpassen.

Bei ganz jungen Welpen sollte der Futterplan mindestens zweiwöchentlich angepasst werden. Wenn dein Junghund irgendwann langsamer wächst kannst du die Zeitintervalle, in denen du den Plan anpasst, verlängern.

Wann du die Intervalle anpassen kannst, hängt viel davon ab, ob dein Hund eher zu den kleinen oder zu den großen Hunden gehört.

Bei großen Rassen, die in den ersten Lebensmonaten sehr schnell sehr viel Gewicht zulegen, würde ich die Fütterung anfangs sogar wöchentlich anpassen. Da Junghunde großer Rassen lange an Gewicht und Größe unehmen, sollten die Anpassungen des Futterplans auch so lange regelmäßig vorgenommen werden, wie der Hund noch an Gewicht zulegt.

Bei Hunden kleiner Rassen ist die Gewichts und Größenzunahme oft deutlich früher abgeschlossen.

Um die Entscheidung zu treffen, die Intervalle zu erhöhen, in denen du den Futterplan deines Hundes anpasst, solltest du die neue Gesamtfuttermenge berechnen. Ist der Mengenunterschied sehr gering kannst du die Anpassung einfach um eine Woche verschieben.

Wenn Welpen kleiner Rassen in 2 Wochen nur wenig Gewicht zunehmen, kommt schnell der Gedanke auf, das es sich bei den geringen Mengen nicht lohnt, die Futtermenge anzupassen. Ich würde dir aber empfehlen nicht nur auf die geringe Gewichtszunahme zu schauen, sondern die Veränderung in der Futtermenge zu berechnen.

Hier mal ein kleines Beispiel dazu:

Ein Hund der mit 8 Wochen 2,7kg wiegt und mit 7% Futtermenge berechnet wird, bekommt 189g Futter täglich.

Zwei Wochen später wiegt der Hund 3,3kg. Gerade einmal 600g mehr. Berechnet man von diesen 3,3kg Körpergewicht die Futtermenge von 7%, erhält der Hund täglich 231g Futter.

Das sind knapp 40g mehr Futter jeden Tag, also fast 20%. Ein ziemlicher Unterschied.

Selbst bei nur geringer Gewichtszunahme solltest du dir also trotzdem die Mühe machen, den Bedarf deines Hundes neu auszurechnen. Wenn die Abweichung in der Futtermenge dann wirklich so gering ist, das es sich nicht lohnt neu zu planen, kannst du alles so lassen und eine Woche später erneut wiegen und die notwendige Futtermenge berechnen.

Wenn du jetzt die Befürchtung hast, nicht nur alle 2 Wochen alles komplett neu berechnen zu müssen, sondern für deinen Hund auch noch ständig einen neuen Futterplan erstellen zu müssen, dann kann ich dich beruhigen. Der generelle Plan und die generelle Aufteilung können bestehen bleiben. Du erhöhst lediglich die Futtermenge und die Mengen der einzelnen Komponenten.

Bei der Futtermenge von 189g täglich könnte der Futterplan folgendermaßen aussehen:

75g Muskelfleisch (65g Muskelfleisch + 10g Fisch)
23g Pansen
30g RFK
30g Innereien (gemischt in der richtigen Aufteilung) - Inn
38g O/G Mix

	Mo	Di	Mi	Do	Fr	Sa	So
früh	30g RFK	30g RFK	30g RFK	30g RFK	30g RFK	30g RFK	30g RFK
	30g Inn	30g Inn	30g Inn	30g Inn	30g Inn	30g Inn	30g Inn
	10g Fisch	10g Fisch	10g Fisch	10g Fisch	10g Fisch	10g Fisch	10g Fisch
mittag	23g Pansen	23g Pansen	23g Pansen	23g Pansen	23g Pansen	23g Pansen	23g Pansen
	20g MF	20g MF	20g MF	20g MF	20g MF	20g MF	20g MF
	20g O/G	20g O/G	20g O/G	20g O/G	20g O/G	20g O/G	20g O/G
abend	18g O/G	18g O/G	18g O/G	18g O/G	18g O/G	18g O/G	18g O/G
	45g MF	45g MF	45g MF	45g MF	45g MF	45g MF	45g MF

2 Wochen später soll die Gesamtfuttermenge 231g täglich sein. Hierzu rechnest du dir nach der allgemeinen prozentualen Aufteilung die einzelnen Mengen aus. Rechne dir aus, wie viel Gramm mehr dein Welpe von den jeweiligen Futterkomponenten benötigt und rechne diese zusätzlichen Mengen einfach auf die vorherigen Mengen drauf.

93g Muskelfleisch (80g Muskelfleisch + 13g Fisch) (+15g/ +3g)

28g Pansen(+5g)

37g RFK (+7g)

37g Innereien (gemischt in der richtigen Aufteilung) – Inn (+7g)

46g O/G Mix (+8)

	Mo	Di	Mi	Do	Fr	Sa	So
früh	37g RFK	37g RFK	37g RFK	37g RFK	37g RFK	37g RFK	37g RFK
	37g Inn	37g Inn	37g Inn	37g Inn	37g Inn	37g Inn	37g Inn
	13g Fisch	13g Fisch	13g Fisch	13g Fisch	13g Fisch	13g Fisch	13g Fisch
mittag	28g Pansen	28g Pansen	28g Pansen	28g Pansen	28g Pansen	28g Pansen	28g Pansen
	30g MF	30g MF	30g MF	30g MF	30g MF	30g MF	30g MF
	20g O/G	20g O/G	20g O/G	20g O/G	20g O/G	20g O/G	20g O/G
abend	26g O/G	26g O/G	26g O/G	26g O/G	26g O/G	26g O/G	26g O/G
	50g MF	50g MF	50g MF	50g MF	50g MF	50g MF	50g MF

Die krummen Zahlen, wie 37g RFK, 36g O/G, verunsichern einige und führen regelmäßig zu hitzigen Diskussionen.

Natürlich muss nicht grammgenau gefüttert werden und du kannst die Zahlen runden. Gerade bei sehr kleinen Futtermengen kann sich bei großzügigem runden das Verhältnis zwischen den Futterkomponenten sehr schnell verschieben oder die Gesamtfuttermenge sich stark erhöhen oder verringern. Darauf solltest du achten.

Die Zahlen in dem Beispielplan sind bereits leicht gerundet um keine Zahlen mit Kommastellen zu bekommen. Die tägliche Gesamtfuttermenge liegt bei 241g – also sogar schon 10g über der errechneten täglichen Menge. Würde man jetzt alle Zahlen auf 10 runden, wäre man bei 250g – also schon 20g mehr als eigentlich berechnet. Dazu käme, das deutlich weniger Fisch gefüttert würde als benötigt, wenn man statt 13g nur 10g Fisch füttert. 3g klingen nicht viel, sind aber 1/3 der gesamten Fischportion und machen aus wöchentlich 91g Fisch nur noch 70g.

Muss man also beim Barfen von Welpen grammgenau abwiegen? Nein, muss man nicht. Aber man sollte wissen wie viel der Hund bekommen sollte.

Wenn in dem berechneten Plan 13g Fisch täglich stehen, musst du nicht 13 g täglich exakt abwiegen. Wenn dein Hund an einem Tag 15g bekommt, am nächsten Tag 10g ist das kein Problem. Über die Woche verteilt sollte die Menge aber in etwa stimmen. Lass dich von den krummen Zahlen im Futterplan also nicht zu sehr einschüchtern. Sie sollen dir helfen den Bedarf deines Hundes im Blick zu haben. Wenn du mit mal 10g und mal 15g Fisch am Ende der Woche auf insgesamt knapp 90g kommst dann hast du alles richtig gemacht. Das gleiche gilt natürlich auch für die anderen Futterkomponenten. Auch die mit den geraden Zahlen. Wenn statt 50g Muskelfleisch mal 48g und mal 53g im Napf landen ist das kein Problem. Die Gesamtmenge in der Woche sollte stimmen.

Die "gerade" Zahlen sind genauso gut odr schlecht abzuwiegen wie die "krummen" Zahlen. Tatsächlich macht es keinen Unterschied ob wir 20 oder 23g abwiegen müssen. Das Problem mit den krummen Zahlen entsteht vielmehr in unseren Köpfen, da die "krummen" Zahlen uns ein Gefühl von peniblem Wiegen geben.

Um zu erreichen, das die Gesamtmenge über die Woche stimmt, ist es übrigens hilfreich sich die Wochenmengen abzuwiegen und dann zu portionieren. Am Ende des Portionierens sollte dann alles aufgebraucht und auf die Futterrationen aufgeteilt sein. Dann musst du dir keine Gedanken darüber machen ob die Tagesrationen grammgenau stimmen.

Bei großen Hunderassen mit größeren Futtermengen kann bei der Berechnung natürlich großzügiger gerundet werden als bei sehr kleinen Futtermengen. Das Verhältnis verschiebt sich bei größeren Futtermengen nicht so schnell.

Wenn dein Junghund irgendwann immer langsamer wächst und die Futtermenge geringer ist, kannst du die Intervalle, in denen du das Futter anpasst verlängern.

Bei Hunden kleiner Rassen kannst du das oft schon mit circa 6 Monaten machen, da sie dann schon fast ausgewachsen sind und sich ihr Gewicht nur noch sehr langsam verändert. Hunde großer Rassen wachsen länger, weshalb es bei diesen eher nötig ist, auch mit 7 oder 8 Monaten noch sehr regelmäßig anzupassen. Wenn du bei der Neuberechnung des Futters merkst, dass es nur noch geringfügige Veränderungen gibt, kannst du die Zeitintervalle verlängern, also zum Beispiel erst alle 3 Wochen neu berechnen, dann alle 4 Wochen.

Mit circa einem Jahr kannst du deinen Junghund auf das Futter für einen erwachsenen Hund umstellen. Also die Anteile von Pansen und RFK tauschen, sowie die Futterkomponenten wenn du das möchtest anders auf die Woche verteilen. Bei kleinen Rassen kannst du diese Anpassung auch schon früher machen, bei großen Rassen die mit einem Jahr noch stark wachsen macht es Sinn etwas länger mit einem Welpenplan zu füttern.

6. Umstellung auf Barf

Welpen und Junghunde haben in der Regel wenig Probleme mit der Umstellung auf neues Futter. Je nachdem, wo die Hunde herkommen und was sie bisher schon zu fressen bekommen haben, kann sich die Futterumstellung auf Barf einfacher oder etwas komplizierter gestalten.

Je mehr Welpen in der Prägungsphase kennenlernen, desto unkomplizierter ist die Futterumstellung in der Regel.

Aber auch junge Hunde, die bisher wenig Futtermittel kennen gelernt haben, können meist problemlos auf das Barfen umgestellt werden. Welche Tricks dir im Notfall dabei helfen können, deinem Welpen sein neues Futter schmackhaft zu machen erkläre ich etwas weiter unten.

Auch wenn die meisten Welpen neues Futter problemlos vertragen, macht es Sinn das Futter langsam umzustellen und den Welpen, bzw. seinen Verdauungsapparat langsam an das neue Futter zu gewöhnen.

Wie du dabei am besten vorgehen kannst zeige ich dir in diesem Kapitel.

6.1. Die Futterumstellung nach dem Einzug

Wenn der Welpe frisch im neuen Zuhause ankommt, ist alles neu und aufregend und nicht selten ziemlich gruselig für den kleinen Hund. Viele Hunde haben in den ersten Tagen im neuen Zuhause deshalb Probleme mit der Verdauung, bekommen beispielsweise Durchfall.

Um diesen Stress nicht noch durch neues ungewohntes Futter zu steigern, empfehle ich, dem Welpen in den ersten Tagen der Eingewöhnung sein bekanntes Futter zu geben.

So kann dein Welpe erst einmal in Ruhe ankommen, sich an seine neue Umgebung und die neue Familie gewöhnen, bevor es an die Futterumstellung geht.

Danach sollte es eine langsame Futterumstellung geben.

Der Begriff der langsamen Futterumstellung wird häufig falsch verstanden und fehlinterpretiert. Er bedeutet nicht, dass das Barf in immer größer werdenden Mengen unter das bekannte Futter gemischt wird. Diese Art der Umstellung wird immer noch häufig empfohlen. Von vielen Ernährungsberatern aber sehr kritisch angesehen. Die verschiedenen Futterarten haben unterschiedliche Verdauungszeiten. Durch das Mischen des Futters kann es deshalb zu Fehlgärungen im Magen Darm Trakt des Welpen kommen. Das Resultat können Blähungen, Durchfall oder Bauchschmerzen sein.

Bei der langsamen Futterumstellung wie sie eigentlich gemeint ist und wie auch ich sie interessierten Welpenbesitzern empfehle, werden die einzelnen Futterkomponenten der Barf Ration nach und nach eingeführt.

Statt dem Welpen gleich eine vollwertige Barf Mahlzeit vorzusetzen, startest du mit eher magerem Muskelfleisch(ca. 5-10% Fett), sowie einer Sorte

Gemüse.

Wird dies von deinem Welpen oder Junghund gut vertragen, kannst du die ersten Innereien dazu geben. Weitere Gemüse und Obstsorten anbieten, den Fettgehalt steigern, den Pansen und zuletzt die rohen fleischigen Knochen zur Mahlzeit dazu geben. Speziell RFK können bei einem Hund, der noch kein rohes Futter gewöhnt ist, Probleme verursachen und sollten deshalb erst ganz zum Schluss zum Futter dazu gegeben werden.

Die Magensäure des Hundes passt sich nach dem Umstieg auf rohes Futter langsam an die neue Fütteurngsart an. Der PH Wert sinkt, die Magensäure wird "saurer", wodurch das Futter besser verdaut werden kann. Ist der PH Wert der Magensäure noch sehr hoch, können die RFK möglicherweise noch nicht richtig verdaut werden.

Beim Welpen kannst du bei der Futterumstellung relativ zügig vorgehen und die einzelnen Futterkomponenten recht schnell hintereinander zum Futter dazu geben. Wenn es mit einer Futterkomponente Probleme gibt, solltest du einen Schritt zurück gehen und die Umstellung einen Schritt verlangsamen.

Wenn dein Welpe also beispielsweise auf die ersten Innereienmahlzeiten mit Durchfall reagiert macht es Sinn, die Innereien erst einmal wieder für 1-2 Tage weg zu lassen. Beim nächsten Versuch kannst du dann beispielsweise erst einmal mit der halben Tagesmenge an Innereien starten.

Um dir einen Eindruck davon zu geben, wie eine Umstellung ablaufen kann hier einmal ein beispielhafter Umstellungsplan:

Beispielplan Futterumstellung

Tag 1-2:

Hühnerfleisch mit 5% Fett, pürierte Karotten

Tag 3:

Hühnerfleisch mit 8% Fett, pürierte Karotten

Tag 4:

Hühnerfleisch mit 8% Fett, Innereien pürierte Karotten

Tag 5-6:

Hühnerfleisch mit 11% Fett, Innereien, Pansen, pürierte Karotten, Salat und Apfel

Tag 7:

Hühnerfleisch mit 15% Fett, Innereien, Pansen, pürierte Karottem, Salat, Apfel, Beeren

Tag 8-9

Hühnerfleisch mit 15% Fett, Innereien, Pansen, 1/2 Tagesportion Hühnerhälse, pürierte Karottem, Salat, Apfel, Beeren

Tag 10

Hühnerfleisch mit 15% Fett, Innereien, Pansen, 1/2 Tagesportion Hühnerhälse, pürierte Karottem, Salat, Apfel, Beeren

ab Tag 11:

Abwechseln der Fleischarten und Fisch, RFK, Obst und Gemüse

Wenn du nach diesem Plan vorgehst, bekommt dein Welpe nach 10 Tagen ausgewogene Barf Mahlzeiten.

Viele Welpen vertragen auch eine schnellere Umstellung. Ich gehe jedoch gern auf Nummer sicher.

Wenn dein Welpe sehr empfindlich ist oder bei der Umstellung Probleme hat, kannst du natürlich auch langsamer umstellen.
Wenn dein Hund an Tag 4 beispielsweise Probleme zeigt, lass die Innereien für einen Tag weg damit sein Magen sich wieder erholen kann. Anschließend gibst du am Folgetag nur die Hälfte der Innereienportion. Wird das vertragen kannst du anschließend langsam die Innereienmenge erhöhen.

Bei einer zweiwöchigen Umstellungsphase musst du dir keine Sorgen wegen einer Mangelversorgung machen. Sollte die Umstellung deines Welpen deutlich länger dauern, würde ich dir empfehlen die Caliumversorgung mithilfe von Knochenmehl sicherzustellen.

6.2. Wenn das Futter nicht schmeckt – Tipps für den Einstieg

Die meisten Hunde fressen das Barf von Anfang an gerne. Aber manche Futterkomponenten schmecken einfach nicht so gut wie andere. Gerade bei Innereien gibt es einige Hunde, die auf diese Futterbeilage gern verzichten würde. Was natürlich keine gute Idee ist, weil in den Innereien ein großer Teil der Vitamine und Nährstoffe steckt.

Ein weiterer häufig verschmähter Bestandteil des Futter ist das Gemüse.

Wie also bekommt man den Hund dazu, das ganze Futter zu fressen und sich nicht nur einzelne Leckerbissen rauszupicken? Oder wie bekommt man den Hund dazu, das Barf überhaupt zu fressen, wenn er es komplett verweigert?

Bei erwachsenen Hunden wird oft dazu geraten, das verweigerte Futter wegzustellen, nichts anderes zu füttern und das gleiche Futter zur nächsten Mahlzeit wieder hinzustellen.

Bei Welpen ist dieses Vorgehen keine gute Idee. Welpen sollten nicht hungern.

Wenn Welpen oder Junghunde das Futter komplett verweigern, kann es schon helfen, zu Anfang gewolft zu füttern.

Auch bei Innereien kann es einen großen Unterschied machen ob die Innereien stückig oder gewolft gefüttert werden. Häufig ist nämlich gar nicht der Geschmack, sondern viel eher die Konsistenz des Futters das Problem.

Gewolfte Mahlzeiten haben darüber hinaus auch bei den Hunden, die nur einzelne Futterkomponenten verweigern, einen großen Vorteil. Man kann die einzelnen Futterbestandteile gewolft sehr gut miteinander vermischen und dem Hund so die eher unliebsamen Futterbestandteile untermogeln. Diese Variante hilft auch bei Welpen, die das pürierte Gemüse verweigern. Unters Fleisch oder unter den Pansen gemischt, wird das Gemüse oft problemlos gefressen, während es einzeln liegen geblieben wäre.

Wenn gewolft vermischen nicht ausreicht um den Hund dazu zu bewegen zu fressen, kann man das Futter "pimpen". Also etwas besonders leckeres und optimalerweise besonders gut riechendes zum Futter mischen. Dabei muss das Extra für den Einstieg nicht unbedingt gesund sein. Bei manchen Hunden reicht es, etwas Blut zum Obst und Gemüse zu geben um es schmackhaft zu machen. Bei anderen Hunden muss es schon etwas Leberwurst, Frischkäse oder Bratensaft sein um sie zum Fressen zu motivieren.

Verweigert dein Hund das komplette rohe Futter, kannst du es zu Beginn anbraten oder kochen. Wird es so gefressen, verkürzt du nach und nach die Kochzeit. Du lässt das Fleisch also immer roher werden. Rohe fleischige Knnochen darfst du auf keinen Fall mitkochen. Erhitzte Knochen splittern und können schwere innere Verletzungen hervorrufen. Wenn dein Welpe sein Futter nur angebraten oder gekocht frisst, solltest du in dieser Zeit mit Knochenmehl arbeiten um das fehlende Calcium der RFK auszugleichen.

Du solltest es mit dem pimpen des Futters nicht übertreiben und deinem Hund nicht ständig verschiedene Auswahlmöglichkeiten bieten, wenn er sein Futter verweigert. So erziehst du dir möglicherweise einen Mäkler heran.

Entscheide dich für eine Variante, wie du das Futter deines Hundes attraktiver gestalten kannst. Wenn er das Futter dann trotzdem verweigert biete ihm nicht gleich etwas anderes an. Stelle das Futter stattdessen erstmal weg und versuche es einige Stunden später mit etwas anderem.

Wenn dein Hund extrem mäkelt, nur die leckersten Futterkomponenten frisst, immer wieder sein Futter stehen lässt, dann kann es sein das dein Welpe einfach satt ist. Gründe hierfür können eine zu hohe Futtermenge sein oder aber zu viele Extras wie Leckerlies oder Kausnacks nebenbei, an denen dein Hund sich satt frisst.

Wenn das Mäkeln ganz plötzlich auftritt, obwohl vorher alles gefressen wurde, ist das ein guter Hinweis darauf, das dein Hund einfach satt ist.

Plötzlich auftretendes Mäkeln ist außerdem leider eine weit verbreitete Begleiterscheinung beginnender Pubertät. Hormonschübe, erwachendes Interesse an läufigen Hündinnen oder die bevorstehende erste Läufigkeit werden oft von Mäkeln begleitet.

In dieser Phase kann man natürlich auch etwas pimpen um überhaupt Futter in den Hund zu bekommen. Allerdings solltest du dich in solchen Phasen nicht durch alle Möglichkeiten durchprobieren und dem Hund verschiedenste Angebote machen. Stattdessen solltest du das Futter auch mal ausfallen lassen. Pubertierende Hunde sind nicht mehr so klein, das sie die eine oder andere ausgefallene Mahlzeit nicht verschmerzen können.

Futterverweigerung kann natürlich immer auch gesundheitliche Gründe haben. Verweigert dein Hund also plötzlich Futter, kann dies auch immer gesundheitlich bedingt sein. Im Zweifelsfall solltest du mit deinem Hund zum Tierarzt gehen um gesundheitliche Probleme auszuschließen.

7. Häufige Fragen

Warum wird so oft davon abgeraten, Welpen zu barfen?

Viele Welpenbesitzer werden verunsichert, weil ihnen immer wieder davon abgeraten wird ihren Welpen zu barfen. Die häufigste Begründung lautet, das Welpen beim Barfen nicht alle Nährstoffe bekommen würden, die sie für ein gesundes Wachstum benötigen. Es sei nicht möglich bedarfsdeckende Mahlzeiten für junge Hunde selbst zusammenzustellen.

Das ist nicht richtig. Im vorliegenden Buch habe ich dir gezeigt, wie du ausgewogene Mahlzeiten für deinen Welpen und Junghund zusammenstellen kannst.

Das Problem ist, das viele Menschen sich nicht ausreichend informieren und ihren Hunden einfach rohes Muskelfleisch füttern oder der Industrie vertrauen und fertige Barf Menüs verfüttern. Oft aus Angst selbst etwas zu vergessen und in dem Glauben mit den Fertigmenüs auf der sicheren Seite zu sein. Solche falsch gebarften Hunde landen dann beim Tierarzt und stützen die Annahme, Barfen sei ungesund und führe zu Mangelernährung. Wenn du ausgewogen barfst musst du dir hierüber keine Gedanken machen.

Kann ich Pansen ersetzen?

Ja, problemlos.

Wer keinen Pansen verfüttern möchte, kann diesen ersetzen. Entweder zu 100% mit Muskelfleisch oder aber zu 50% mit Muskelfleisch und zu 50% mit Obst und Gemüse. Auch Aufteilungen dazwischen sind möglich.

Mein Hund wird zu dick, kann ich nicht einfach das Fett reduzieren?

Der Fettgehalt des Muskelfleisches sollte nicht auf weniger als 15% reduziert werden. Auch nicht, wenn der Hund abnehmen soll. Hunde beziehen ihre Energie hauptsächlich über das Fett. Eine zu fettarme Ernährung kann die Nieren belasten und langfristig zu Problemen führen. Wenn der Hund zu viel zunimmt, solltest du stattdessen die Futtermenge überprüfen und anpassen, also reduzieren.

Meine Welpe hat Hunger und ist zu dünn, obwohl er die empfohlene Futtermenge bekommt. Was kann ich tun?

Die angegebenen Mengenempfehlungen sind Richtwerte. Wie viel Futter ein Welpe oder Junghund braucht hängt von verschiedenen individuellen Fakoren ab. Dem Stoffwechsel, der Aktivität, den Lebensumständen, der Rasse, Alter, Körpergröße, etc.

Wenn du feststellst, das dein Hund nicht satt wird und zu dünn wird, solltest du die Futtermenge steigern. Anders herum genauso, wenn dein Hund zu dick wird. Dann solltest du die Futtermenge stückchenweise reduzieren.
Braucht der Hund extrem viel Futter und nimmt sehr schlecht zu, macht es Sinn ihn beim Tierarzt durchchecken zu lassen.

Woran erkenne ich ob die Futtermenge passt?

Auch hier gilt: Jeder Hund ist individuell. Während es bei einem Welpen möglicherweise immer so ist, das er ständig bettelt und auf Futtersuche ist (besonders Labradore und Beagle sind hierfür bekannt), kann das gleiche Verhalten bei einem anderen Hund ein Zeichen für eine zu geringe

Futtermenge sein. Im folgenden eine kleine – nicht vollständige – Übersicht über mögliche Hinweise die anzeigen, dass die Futtermenge nicht passt.

Zu geringe Futtermenge:

- ständiges Betteln
- Futtersuche auf Spaziergängen
- plözlich auftretendes Schlingen
- Futter klauen
- Unruhe
- Gewichtsabnahme oder Stagnierung

Zu hohe Futtermenge:

- Mäkeln
- Futter oder einzelne Futterbestandteile verweigern
- kein Interesse mehr an Leckerlies
- schnelle, starke Gewichtszunahme

Bei 6% Futtermenge nimmt mein Welpe zu, bei 5% habe ich das Gefühl er wird nicht satt. Was soll ich tun?

Wenn weder 6% noch 5% die richtige Futtermenge für deinen Hund sind, liegt die richtige Menge für deinen Hund irgendwo dazwischen. Du musst nicht in ganzen Prozentschritten erhöhen oder verringern. Es gehen zum Beispiel auch Steigerungen und Reduzierungen des Futters in 0,5% Schritten. Meistens macht das sogar mehr Sinn als gleich ein ganzes Prozent zu ändern.

Eine andere Möglichkeit ist, von einer bestimmten Futtermenge ausgehend um 5 oder 10% zu steigern oder zu senken.

Wenn deinem Hund die Futtermenge von 6% also zu viel ist, 5 % aber zu wenig, hast du verschiedene Möglichkeiten, dich an die richtige Menge heran zu tasten.

Du kannst es einfach mit dem Mittelwert, also 5,5% versuchen.

Oder du nimmst die Futtermenge, die er bei 6% bekommen würde – als Beispiel 300g – und ziehst davon 5%, also 15g, ab. Passt die Futtermenge ist das gut, wenn nicht kannst du 10%, also 30g abziehen. So reduzierst du die Futtermenge Stück für Stück und näherst dich der optimalen Menge für deinen Welpen.

Ich möchte meinem Hund auf keinen Fall Knochen füttern – ist das ein Problem?

Nein ist es nicht, wenn du die Knochen, beziehungsweise RFK ersetzt. Statt RFK fütterst du 50% der errechneten RFK Menge als Muskelfeisch, die anderen 50% entfallen. Um deinen Welpen oder Junghund mit ausreichend Calcium und Phosphor zu versorgen, musst du in der Fütterung ohne RFK Knochenmehl ergänzen.

Reine Calciumpräparate oder reines Eierschalenmehl sind nicht zum alleinigen Ersatz von RFK geeignet, da sie nur Calcium und kein Phosphor enthalten.

Kann ich statt Obst und Gemüse Flohsamenschalen füttern?

Verweigert der Hund die Gemüse/ Obst Mischung oder verträgt diese nicht, kann man Obst und Gemüse durch Flohsamenschalen ersetzen.

Der Hund erhält dann keine sekundären Pflanzenstoffe und Vitamine aus dem Obst und Gemüse. Stattdessen dienen die Flohsamenschalen als reine Ballaststoffe. Ausgewogener ist die Fütterung mit Obst und Gemüse. Aber auch wenn du auf Flohsamenschalen ausweichen musst, entsteht hierdurch kein Mangel wenn der Rest der Mahlzeit ausgewogen ist.

Bei der Fütterung von Flohsamenschalen solltest du mit 0,5 – 1g Flohsamenschalen pro 5 kg Körpergewicht des Hundes rechnen. Zu Beginn solltest du dich am unteren Wert orientieren. Die Flohsamenschalen sollten mindestens 15 Minuten in der zehnfachen Menge Wasser eingeweicht werden.

Ich habe bei der Bestellung eine Futterkomponente vergessen – was jetzt?

Wenn dir ein Bestandteil des Futters fehlt, kannst du versuchen diesen in einem Laden vor Ort nachzukaufen. Leber und Herz bekommst du häufig sogar im Supermarkt. Muskelfleisch von Rind, Huhn und Pute gibt es überall, Hühnerknochen ebenfalls.

Wenn du die fehlenden Futterkomponenten vor Ort nicht bekommst, solltest du sie zeitnah nachbestellen.

Wenn dein Hund eine Futterkomponente mal ein paar Tage lang nicht bekommt, ist das nicht dramatisch. Fülle die fehlende Futtermenge so lange mit Muskelfleisch auf oder wenn dir eine Innerei fehlt mit den anderen Innereien.

Ich habe Fertigbarf gekauft bevor ich mich informiert habe – was mache ich jetzt damit?

Du kannst das Fertigbarf lagern und es später in kleinen Mengen zum gut zusammengestellten Futter dazu geben.

Muss man beim Barfen regelmäßig Blutbilder machen?

Nein. Ohne bestimmten Anlass sind Blutbilder beim Barfen genauso wenig notwendig wie bei jeder anderen Fütterungsmethode. Auch das inzwischen überall verbreitetete Barf Profil ist für gesunde gebarfte Hunde nicht notwendig.

Warum trinkt mein Hund seit dem barfen so wenig?

Das rohe Futter enthält viel mehr Feuchtigkeit als Nassfutter oder gar Trockenfutter. Beim Barfen deckt dein Hund einen Großteil seines Flüssigkeitsbedarfs also bereits über das Futter. Entsprechend trinkt er nach der Umstellung deutlich weniger. Achte trotzdem darauf, dass deinem Hund immer ausreichend frisches Wasser zur Verfügung steht.

Woran erkenne ich Sodbrennen bei meinem Hund?

Sodbrennen kann sich beispielsweise durch vermehrtes Schmatzen, Speicheln oder hektisches Ablecken verschiedenster Gegenstände zeigen. Auch Aufstoßen oder häufiges Würgen können ein Anzeichen für Sodbrennen sein. Viele Hunde versuchen dieses Problem selbst zu lösen, indem sie Gras fressen. Das Zufüttern von Heilerde oder Joghurt kann gegen leichtes Sodbrennen helfen.

Einige Hunde reagieren auf zu lange Abstände zwischen den einzelnen Mahlzeiten mit Sodbrennen. In diesen Fällen kann es helfen, die Fütterungszeiten anzupassen oder dem Hund zwischendurch einen kleinen Snack zu geben. Auch zu regelmäßige Fütterungszeiten bzw. Rituale können Sodbrennen begünstigen.

Welche Leckerlies darf ich füttern, wenn mein Hund gebarft wird?

Ein gebarfter Hund kann die gleichen Leckerlies bekommen wie ein Hund der nicht gebarft wird.

Erlaubt ist alles was schmeckt und vertragen wird.

Wer keine industriell hergestellten Leckerlies füttern möchte, bei denen er nicht genau weiß, was enthalten ist, kann (selbst) getrocknete Fleischsnacks anbieten. Käsewürfel oder Wurststücke sind ebenfalls beliebte Trainingsleckerlies. Auch selbst gebackene Leckerlies für Hunde sind eine gute Möglichkeit für individuelle Snacks und auch für Allergiker oft eine gute Alternative. Und natürlich können auch Teile der regulären Barf Ration als Trainingsleckerlie genutzt werden.

Ist es wirklich kein Problem das Fleisch zum Portionieren aufzutauen und wieder einzufrieren?

Nein, das ist wirklich kein Problem.

Das Fleisch kann zum Portionieren komplett aufgetaut werden. Wenn dabei die grundlegende Küchenhygiene eingehalten wird, musst du dir keine Sorgen um gefährliche Keime machen.

Vakuumierte Verpackungen solltest du vor dem Auftauen einschneiden, um eine Ausbreitung von Botulismus Bakterien zu verhindern.

8.

Infomaterialien

8.1. Übersichtsblatt Futteraufteilung Welpen

Das Futter besteht aus

80% tierischen Anteilen

20% pflanzlichen Anteilen

Aufteilung tierische Anteile:

50% Muskelfleisch

20% Rohe fleischige Knochen (RFK)

15% Pansen

15% Innereien

davon 1/3 Leber, 1/3 Herz, 1/9 Niere, 1/9 Lunge, 1/9 Milz

Aufteilung pflanzliche Anteile:

75% Gemüse (davon ca. 50% grünes Blattgemüse)

25% Obst

zusätzlich benötigt dein Hund:

- Omega 3 Öl mit Vitamin E (0,3 ml pro kg Körpergewicht/Tag) oder

- 369 Öl (0,2 ml pro kg Körpergewicht/Tag)

- Seealgenmehl (genau berechnet, z.B. mit Hilfe des Rechners auf

www.barf-einfach.de/seealgenmehlrechner)

8.2. Richtwerte Futtermengen bei Welpen und Junghunden

9. - 23. Woche: 6-7% Futtermenge

24. -34. Woche: ca. 5% Futtermenge

35. - 52. Woche: 3-4% Futtermenge

Die Prozentangaben beziehen sich auf das aktuelle Körpergewicht der Welpen und Junghunde.

Die Hunde sollten regelmäßig gewoogen und die Futtermenge an ds aktuelle Gewicht angepasst werden.

Welpen sehr kleiner Rassen benötigen häufig 1-2% mehr als in der Liste angegeben.

Es handelt sich hierbei um Richtwerte. Der Bedarf deines Hundes kann hiervon abweichen. Durch regelmäßiges Wiegen und Beobachten deines Hundes kannst du überprüfen, ob die Futtermenge passt.

8.3. Welches Obst beim Barfen?

- Äpfel
- Apfelsinen
- Aprikosen
- Bananen
- Birnen
- Brombeeren
- Erdbeeren
- Granatapfel
- Heidelbeeren
- Himbeeren
- Honigmelonen, Wassermelonen
- Johannisbeeren
- Kirschen (ohne Kerne)
- Kiwis
- Mandarinen (in kleinen Mengen)
- Mangos
- Melonen
- Orangen (in kleinen Mengen da sehr säurehaltig)
- Papaya
- Pfirsiche

8.4. Welches Gemüse beim Barfen?

- Blattgemüse
- Fenchel
- Gurken
- Karotten (auch das Karottengrün)
- Kohl (am besten gedünstet, z.B. Blumenkohl, Broccoli, Chinakohl, Grünkohl, Kohlrabi)
- Kresse
- Kürbis
- Löwenzahnblätter
- Pastinake
- Radieschen
- Rote Beete (in kleinen Mengen)
- Salat
- Sellerie
- Spargel
- Spinat (in kleinen Mengen wegen der Oxalsäure)
- Süßkartoffel
- Zucchini

8.5. Nüsse, Kerne, Samen

Geeignet zum Verfüttern:

- Sonnenblumenkerne

- Kürbiskerne

- Walnüsse

- Pinienkerne

- Sesam

- Paranüsse

- Haselnüsse

- Cashewkerne

Nicht geeignet:

Macadamianüsse, Bittermandeln, Erdnüsse

8.6. Ungeeignete Futtermittel

- Auberginen

- Avocados

- Erdnüsse

- grüne Paprika

- Holunderbeeren

- Hülsenfrüchte (z.B. Erbsen, Bohnen, Soja)

- Karambole (Sternfrucht)

- rohe Kartoffeln

- Tomaten

- Weintrauben und Rosinen

- Zwiebeln

9. Beispiel Futterpläne für Welpen und Junghunde

Bei allen Futterplänen gehe ich von Muskelfleisch mit einem Fettgehalt von 15 – 16% aus.

Wenn das Fleisch weniger Fett hat, muss Fett ergänzt und dieses vom Muskelfleisch abgezogen werden wie im Kapitel „4.1.1. Muskelfleisch" beschrieben.

Einen Fettrechner findest du beispielsweise auf meinem Blog unter https://barf-einfach.de/fettrechner-info/

Futterplan für Carlo, 8 Wochen, 900, Rasse: Yorkshire Terrier, geschätzes Endgewicht: 3kg, berechnet mit 8%

	Mo	Di	Mi	Do	Fr	Sa	So
Morgen	10g Hühnerhälse gewolft 15g Huhn	10g Lammrippe gewolft 15g Lamm	10g Hühnerhälse gewolft 15g Huhn	10g Lammrippe gewolft 15g Lamm	10g Hühnerhälse gewolft 15g Huhn	10g Lammrippe gewolft 15g Lamm	10g Hühnerhälse gewolft 15g Huhn
Mittag	10g Pansen 10g Rind	10g Pansen 10g Rind	10g Pansen 10g Rind	10g Pansen 10g Rind	10g Pansen 10g Rind	10g Pansen 10g Rind	10g Pansen 10g Rind
Abend	10g Inn 5g Fisch 15g O/G	10g Inn 5g Fisch 15g O/G	10g Inn 5g Fisch 15g O/G	10g Inn 5g Fisch 15g O/G	10g Inn 5g Fisch 15g O/G	10g Inn 5g Fisch 15g O/G	10g Inn 5g Fisch 15g O/G

Zusätze

Täglich: Omega 369 Öl: 0,2ml
          Seealgemehl (560g Jod/kg): 0,12g täglich
wöchentlich:
2g Nüsse/ Kerne (fertiger"Salatmix" mit Pinienkernen, Kürbiskernen, Sonnenblumenkernen) – werden mit O/G zusammen püriert, 1 Rohes Eigelb alle 2 Wochen

Fertiger Innereienmix Rind bestehend aus: 36% Herz, 36% Leber, 12% Milz, 8% Niere, 8% Lunge
O/G Mix (105g Woche) Woche 1: 40g Karotten, 30g Feldsalat, 35g Apfel
Woche 2: 40g Gurke, 30g Pflücksalat, 35g Beerenmix

Futterplan für Amadeus, 6 Monate, 18kg, Rasse: Großpudel,
geschätzes Endgewicht: 25kg, berechnet mit 5%, Allergie gegen Rind

	Mo	Di	Mi	Do	Fr	Sa	So
M o r g e n	145g Puten-hälse 110g Inn 50g Fisch 45g Obst 5g Nüsse	145g Puten-hälse 110g Inn 50g Fisch 45g Obst 5g Nüsse	145g Hühner-karkasse 110g Inn 50g Fisch 45g Obst 5g Nüsse	145g Hühner-karkasse 110g Inn 50g Fisch 45g Obst 5g Nüsse	145g Lamm-rippen 110g Inn 50g Fisch 45g Obst 5g Nüsse	145g Lamm-rippen 110g Inn 50g Fisch 45g Obst 5g Nüsse	145g Puten-hälse 110g Inn 50g Fisch 45g Obst 5g Nüsse
A b e n d	310g Pute 110g Lamm-pansen 135g Gemüse 1 Eigelb	310g Pute 110g Lamm-pansen 135g Gemüse	310g Huhn 110g Lamm-pansen 135g Gemüse	310g Huhn 110g Lamm-pansen 135g Gemüse	310g Lamm 110g Lamm-pansen 135g Gemüse 1 Eigelb	310g Lamm 110g Lamm-pansen 135g Gemüse	310g Lamm 110g Lamm-pansen 135g Gemüse

Zusätze
Täglich: Omega 369 Öl: 3,6ml
          Seealgemehl (560g Jod/kg): 0,12g täglich

Selbst zusammengestellter Innereinmix aus Hühnerleber, Hühnerherzen,
Lammniere, Lammlunge, Lammmilz
Obst: Apfel, Beeren, Banane, Melone, Kiwi
Gemüse: Feldsalat, Radicchio, Kopfsalat, Karotte, Spinat, Gurke, Zucchini

Futterplan für Emma, 12 Wochen, 12,5kg, Rasse: Labrador, geschätzes Endgewicht: 27kg, berechnet mit 6%

	Mo	Di	Mi	Do	Fr	Sa	So
M o r g e n	60g Puten-hälse gewolft 90g Inn 50g O/G Mix	60g Puten-hälse gewolft 90g Inn 50g O/G Mix	60g Puten-hälse gewolft 90g Inn 50g O/G Mix	60g Puten-hälse gewolft 90g Inn 50g O/G Mix	60g Puten-hälse gewolft 90g Inn 50g O/G Mix	60g Puten-hälse gewolft 90g Inn 50g O/G Mix	60g Puten-hälse gewolft 90g Inn 50g O/G Mix
M i t t a g	60g Hühner-hälse stückig 100g Huhn 50g Wild-lachs 50g O/G Mix	60g KBB gewolft 100g Rind 50g Wild-lachs 50g O/G Mix	60g Hühner-hälse stückig 100g Huhn 50g Wild-lachs 50g O/G Mix	60g KBB gewolft 100g Rind 50g Wild-lachs 50g O/G Mix	60g Hühner-hälse stückig 100g Huhn 50g Wild-lachs 50g O/G Mix	60g KBB gewolft 100g Rind 50g Wildlach s 50g O/G Mix	60g Hühner-hälse stückig 100g Huhn 50g Wild-lachs 50g O/G Mix
A b e n d	90g Pansen 150g Rind 50g O/G Mix	90g Pansen 150g Pute 50g O/G Mix	90g Pansen 150g Rind 50g O/G Mix	90g Pansen 150g Pute 50g O/G Mix	90g Pansen 150g Rind 50g O/G Mix	90g Pansen 150g Pute 50g O/G Mix	90g Pansen 150g Rind 50g O/G Mix

KBB - Kalbsbrustbein

Zusätze

Täglich: Omega 369 Öl: 2,5ml
 Seealgemehl (560g Jod/kg): 0,63g täglich

wöchentlich:

>   25g Nüsse/ Kerne (Sonnenblumenkerne, Kürbiskerne,
>   Walnüsse) – werden mit dem O/G zusammen püriert
>   1 Rohes Eigelb

Fertiger Innereinmix Rind bestehend aus: 36% Herz, 36% Leber, 12% Milz, 8% Niere, 8% Lunge

O/G Mix (1000g) wird zusammengestellt aus 250g Karotten, 300g Salat (Feldsalat, Endiviensalat, Rucola), 200g Zucchini, 100g Apfel, 50g Birne, 50g Banane, 50g gemischtes Beerenobst

Futterplan für Xenia, 5 Monate, 13kg, Rasse: Australian Shepherd, geschätztes Endgewicht 20kg, berechnet mit 5,5%

Komplettfutter

5kg Gesamtfuttermenge pro Woche

4000g Tierischer Anteil

2000g Muskelfleisch:

      300g Wildlachs mit 15% Fett

      600g Huhn mit 2% Fett

      100g Hühnerfett mit 91% Fettgehalt

      500g Rind mit 10% Fett

      500g Lamm mit 20% Fett

800g RFK:

      400g Hühnerhälse

      200g gewolftes Kalbsbrustbein

      200g Lammrippe

600g Innereien:

      200g Rinderleber

      200g Rinderherz

      65g Rinderlunge

      65g Rindermilz

      65g Rinderniere

600g Pansen:

      600g Rinderpansen

1000g pflanzlicher Anteil

750g Gemüse

    250g Feldsalat

    100g Eisbergsalat

    200g Zucchini

    200g Karotten

250g Obst

    50g Apfel

    50g Birne

    50g gemischte TK Beeren

    100g Banane

+20g Nüsse

Alle Futterkomponenten bis auf die RFK ordentlich (!) durchmischen und auf insgesamt 21 Einzelportionen mit ca. 200g verteilen.
Die RFK in 14 extra Portionen von 55 – 60g aufteilen. Pro Tag 3 Einzelportionen füttern. Morgens und abends jeweils eine RFK Portion zum Futter dazu geben.

Zusätzlich täglich 0,5g Seealgenmehl mit einem Jodgehalt von 560g/kg, sowie 4ml Lachsöl mit Vitamin E.
Samstags und Sonntags Hanföl statt Lachsöl.

Einmal wöchentlich 1 rohes Eigelb.

Quellen und empfehlenswerte Lesetipps

Swanie Simon (2008): BARF – Biologisch Artgerechtes Rohes Futter für Hunde

Nadine Wolf (2015): Das Barf Buch – inklusive 14 Rezepten

https://barf-einfach.de

https://www.der-barf-blog.de

https://www.drei-hunde-nacht.de

https://www.napfcheck.de/welpen-wachstumskurve

https://www.polar-chat.de/hunde/topic/74286-calciumtabelle/ (Von Usern erstellte Liste mit Calciumgehalten verschiedener RFK)

https://www.facebook.com/groups/172830419475417/ (Facebook Gruppe zum Thema Barf)

Bedarfsrechner Hunde:

https://www.drei-hunde-nacht.de/ernaehrung-barf/bedarfswerte-nach-nrc/

https://www.barf-kultur.de/nrc-rechner

https://annas-ernaehrungsberatung.de/knochenmehlrechner/

Bisher von mir veröffentlichte Bücher zum Thema Barf:

Barf einfach: Anleitung zum Hunde füttern
(2. Auflage 2020)

Die einfache Anleitung zum Barfen ausgewachsener Hunde. Was gehört zum Barfen? Welche Futterbestandteile brauche ich in welcher Aufteilung?
Diese und weitere Fragen rund um das individuelle und bedarfsorientierte Barfen werden in diesem Buch geklärt.

Barfen: Schritt für Schritt zum individuellen Futterplan

(1. Auflage 2019)

Eine Schritt für Schritt Anleitung zum erstellen individueller Futterpläne beim Barfen. Mit dieser Schritt für Schritt Anleitung kannst du selbst einen individuellen Wochenplan für deinen Hund erstellen.